教育部人文社会科学重点研究基地重庆工商大学长江上游经济研究中心

重庆工商大学学术专著出版基金资助项目（631915008）
重庆工商大学科研项目（950617003）
重庆工商大学引进高层次人才科研启动经费（950318086）
资助

李晓羽 著

人力资本与环境质量的关系
—基于中国的实证研究

The Relationship between Human Capital and Environmental Quality:
An Empirical Study Based on China

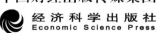

中国财经出版传媒集团
经济科学出版社
Economic Science Press

图书在版编目（CIP）数据

人力资本与环境质量的关系：基于中国的实证研究 /
李晓羽著 . —北京：经济科学出版社，2020. 11
　ISBN 978 - 7 - 5218 - 2098 - 0

　Ⅰ. ①人…　Ⅱ. ①李…　Ⅲ. ①人力资本 - 研究 - 中
国　Ⅳ. ①F249. 21

中国版本图书馆 CIP 数据核字（2020）第 230624 号

责任编辑：杜　鹏　郭　威
责任校对：杨　海
责任印制：邱　天

人力资本与环境质量的关系
——基于中国的实证研究
李晓羽　著
经济科学出版社出版、发行　新华书店经销
社址：北京市海淀区阜成路甲 28 号　邮编：100142
编辑部电话：010 - 88191441　发行部电话：010 - 88191522
网址：www. esp. com. cn
电子邮箱：esp_bj@ 163. com
天猫网店：经济科学出版社旗舰店
网址：http：//jjkxcbs. tmall. com
固安华明印业有限公司印装
710 × 1000　16 开　9. 25 印张　160000 字
2021 年 1 月第 1 版　2021 年 1 月第 1 次印刷
ISBN 978 - 7 - 5218 - 2098 - 0　定价：52. 00 元
（图书出现印装问题，本社负责调换。电话：010 - 88191510）
（版权所有　侵权必究　打击盗版　举报热线：010 - 88191661
QQ：2242791300　营销中心电话：010 - 88191537
电子邮箱：dbts@ esp. com. cn）

前　言

  工业化的发展不仅给人类社会带来了前所未有的经济福利，也将人类带入了一个"寂静的春天"①，同时，"增长的极限"②唤起了人们进行系统思考的意识，重新考虑经济的发展方式。自改革开放以来，中国历经数十年的奇迹式增长，跃然成为世界第二大经济体、制造业第一大国、货物贸易第一大国、商品消费第二大国、外资流入第二大国，中国经济的高速增长在惊艳世界的同时，也付出了巨大的环境与资源的代价。对正处于工业化、城镇化、农业现代化快速发展阶段的中国而言，能源高消耗、污染高排放很可能继续呈现密集增长的态势，长期依赖投资驱动的粗放型经济增长模式不断制约着绿色经济持续稳定增长。以大气污染为例，环保部于 2015 年全面推进全国重点城市空气质量预报预警工作，并实时发布空气质量新标准监测数据，《2015 年中国环境状况公告》显示，2015 年全国 338 个地级及以上城市中，265 个城市环境空气质量超标，占 78.4%。纵然，近年来我国的污染防治攻坚战取得重大进展，但《2019 年中国环境状况公告》显示，2019 年全国 337 个地级及以上城市中，180 个城市环境空气质量超标，占 53.4%。超标城市仍占半数以上。

  随着经济社会发展和人民生活水平不断提高，人们对环境问题的关注日益增强，生态环境已然成为影响人们生活幸福指数的重要因子。我国社会主要矛盾也已转化为人民日益增长的美好生活需要和不平衡不充分的发展之间

---

  ① 《寂静的春天》是美国科普作家蕾切尔·卡逊创作的科普读物，首次出版于 1962 年。它以寓言的方式描述了一个美丽村庄的突变，阐述了化学药剂导致的环境污染、生态破坏，最终给人类社会带来难以逆转的灾难。

  ② 《增长的极限》是德内拉·梅多斯、乔根·兰德斯、丹尼斯·梅多斯所著，首次出版于 1972 年。它挑战了当时人们的思维模式和行为模式，描述了当时经济发展和增长模式中存在的问题，唤起人们对可持续发展的意识。

的矛盾①。习近平总书记在党的十九大报告中明确提出，我国经济已由高速增长阶段转向高质量发展阶段。生态文明建设关系人民福祉，关乎民族未来。自党的十八大以来，党中央高度重视生态环境保护，并把生态文明建设纳入中国特色社会主义事业五位一体总体布局，明确提出大力推进生态文明建设，努力建设美丽中国，实现中华民族永续发展。保护生态环境就是保护生产力，改善生态环境就是发展生产力，良好生态环境是最公平的公共产品，是最普惠的民生福祉②。

环境的治理、污染的减少现已成为我国全面实现小康社会目标的重要组成部分。可见，无论是经济增长抑或环境保护，其目的无疑是提高人类的福祉，即追求人类的发展，而同时，人力资本的发展也将对经济增长和环境质量的改善产生重要影响，立足中国实际，从人力资本发展角度探求如何实现经济的高质量发展，实现人与自然的和谐共生，探求人力资本提升与环境质量变化间的关系，并合理审视两者间的内在联系和协调发展之路径，或将更有利于解决中国在发展过程中出现的经济增长与资源耗竭、环境恶化的两难困境。

《人力资本与环境质量的关系——基于中国的实证研究》一书在对1990～2017年间中国人力资本发展总体状况以及环境质量变化情况的概述性描述基础上，构建中国省际层面的人力资本发展综合指数与环境质量综合评价指数，并对中国省际层面人力资本发展的差异性与流动性，以及环境质量的差异性进行分析；构建环境质量决定方程和产出决定方程，采用三阶段最小二乘法（3SLS）对面板数据的联立方程组进行计量分析，以实证分析中国人力资本发展与环境质量之间的关系；同时，在方向性距离函数的基础上，构建人力资本发展与环境质量变化的协调性指标，利用数据包络法对中国人力资本发展与环境质量的协调性进行测度，构建动态面板模型，以实证分析导致两者间协调发展程度较低的原因；最后，基于实证结论提出相应的政策建议，以期为加快我国向绿色、低碳、可循环、可持续的生产生活方式转变进程提供经验分析的依据。

然而，环境问题，是一个多方面、多层次的问题，尽管我们试图从人力

---

① 习近平推动中国经济三大转变 [OL]. 中国新闻网, http://www.chinanews.com/gn/2017/12-25/8408293.shtml.

② 习近平在海南考察 [OL]. 人民网, http://politics.people.com.cn/n/2013/0410/c1024-21090468.html.

资本角度，构建起一个多方位的研究体系，但由于问题的多面性、交叉性以及数据资料的部分缺失、统计口径变更等情况的存在，深感驾驭的难度及进行长时间序列实证分析的困难，这可能成为本书的一大不足，以期在今后的分析研究中，逐步得以细化与完善。

李晓羽

2020 年 9 月

目　录

第一章 绪 论

第一节 问题的提出及研究意义

自1978年改革开放以来,中国经济建设取得了举世瞩目的成就,持续高速发展达30年之久,中国经济总量先后赶超俄罗斯、加拿大、意大利、法国、英国、德国、日本,成为世界第二大经济体。截至2018年末,中国持有超过3万亿美元的外汇储备,并已成为制造业第一大国、货物贸易第一大国、商品消费第二大国、外资流入第二大国。[①]"中国发展模式"备受实务界与学术界的关注与热议。

高速的经济增长不可避免地加剧了对资源消耗和环境保护的压力。在过去的40年里,中国快速地推进工业化、城镇化、农业现代化进程,能源高消耗和污染高排放极大可能在此期间呈现出密集增长的态势。纵然近年来,中国政府和社会极为关注和重视对环境的保护与能源的高消耗问题,但长期以来,中国的经济增长仍呈现出粗放型的特点,长期依赖投资驱动,经济粗放增长所积累的矛盾日益成为经济持续稳定增长的瓶颈。

由于中国快速发展的经济主要来源于资本、自然资源和劳动力等粗放型投入,从而使得经济发展的成果并没有为居民带来更多的收益。《2011 中国统计年鉴》显示,2010 年中国人均国内生产总值为 29 992 元,而城镇居民人均可支配收入为 19 109 元,农村居民人均可支配收入为 5 919 元,居民收入增长的速度显著低于 GDP 的增速;自党的十八大以来,党中央把改善民生、让人民有更多获得感摆在极其重要的位置,并出台了一系列政策文件。经过近年来的不断改革与调整,《2019 中国统计年鉴》显示,2018 年,中国人均

[①] 国务院新闻办公室.《新时代的中国与世界》白皮书［OL］. 中国政府网,http://www. gov. cn/zhengce/2019－09/27/content_5433889. htm,2019－9.

国内生产总值为 66 006 元，中国城镇居民人均可支配收入为39 251元，农村居民人均可支配收入为 14 617 元，2018 年全国居民人均可支配收入比上年名义增长 8.7%，扣除价格因素实际增长 6.5%，快于人均 GDP 增速，与经济增长基本同步。中国劳动力收入占国民收入的比重以及中国的基尼系数也呈现出了类似的趋势，根据中国国家统计局的数据可知，中国劳动收入占国民总收入的比重逐年下降，劳动收入占比从 1990 年的 53% 下降到 2006 年的 39.7%（李稻葵，2009），自党的十八大以来，该比重逐步提高，2018 年，劳动收入占比恢复到 50% 左右[①]；根据《世界银行发展报告 2005》可知，中国 2004 年的基尼系数已经从 1980 年的 0.30 左右增长到 0.49，而西南财经大学中国家庭金融调研中心 2012 年发布的《中国家庭收入不平等报告》则表示中国 2010 年的基尼系数达到 0.61，从而说明中国的收入不平等已经十分严重，超过了 0.48 的国际警戒线。党的十八大后，一系列政策的出台与落实，居民收入和劳动报酬在国民总收入中的占比逐步提高；城乡居民收入差距、地区收入差距、全国行业平均工资差距均有一定程度缩小，基尼系数有所下降，2018 年全国居民人均可支配收入基尼系数为 0.474；中等收入群体人数快速增加，贫困人口大幅减少。然而，在充分肯定收入分配改革取得重大成就的同时也需注意到，目前我国收入分配领域存在的问题仍然比较突出，城乡居民收入差距、地区收入差距、全国行业平均工资差距虽有所下降，但总体看仍然偏大。

因此，在辉煌的经济增长背后，中国面临着严峻的环境问题以及居民社会福利问题，因此在国内生产总值增长的背后探寻人力资本发展及人力资本发展与环境质量的关系对于正确合理地认识经济发展的真实成果有着重要意义。

人力资本发展与环境质量是紧密相关的，在哈罗德（Harrod）经济增长模型的基础上，阿尔盖（D'Arge，1972）率先分析了环境污染与经济增长之间的联系；福斯特（Forster，1972）则进一步将环境污染作为生产要素引入到生产分析框架中，发现环境污染与经济增长之间存在显著的单项影响；采用 GEMS 数据库，格罗斯曼和克鲁格（Grossman and Kreuger，1991；1995）通过严格的计量模型进行研究，研究表明环境污染会随着人均收入水平的变化而变化，在高收入水平国家，收入的增加会导致环境污染的降低，而低收入国家的收入增加则会进一步加重环境污染的程度，帕纳约托（Panayotou，

---

① 笔者根据相关数据计算可得。

1993）借鉴库兹涅茨曲线的观点，认为环境污染和经济增长之间存在环境库兹涅茨曲线现象（environment Kuznets curve，EKC），即环境污染会随着收入水平的变化呈现出先升高后降低的现象；布拉辛顿和海特（Brasington and Hite，2005）研究发现在美国教育水平与环境质量的需求之间存在互补性，当物质财富的增加需要以环境和资源的可持续性为代价时，教育水平的提高将会使人们对过度的资源需求产生内在的克制；贾兰等（Jalan et al.，2007）对印度城市居民的研究表明，当家庭中教育水平最高的女性成员的受教育年限从 0 年提高至 17 年时，其对提高家庭水质的支付意愿将显著提高，从 66 卢比增加到 144 卢比。因而，人力资本发展与环境质量之间存在紧密的相互关系，但是由于人力资本发展与环境质量并不是简单的指标，而是由一篮子指标构成的指标体系，所以如何构建有效的人力资本发展指标和环境质量指标对于研究其相互关系具有重要的理论意义和现实意义。

同时，中国经济发展和环境质量具有显著的区域差异性。就经济发展而言，徐（Tsui K. Y.，1991）认为 1952～1970 年间中国区域经济差异的变化并不明显，但是在 1970～1985 年间却显著扩大；朱小林（2001）、章奇（1999）以及周玉翠（2002）均认为中国东中西三大地区的人均 GDP 增长率在 1980～1990 年间并没有显著差异，但是 1990 年之后东部地区的增长率开始显著领先于中西部地区；同时，魏后凯（1996），辜成林（1997），蔡昉、王德文（2002），谢健（2003），姚波（2005），汪彩铃（2008），任建军、阳国梁（2010），刘瑞明（2011），张鹏飞等（2018）的研究也表明中国的经济发展存在较大的区域性差异。就环境质量而言，根据《中国统计年鉴》的数据可知，20 世纪 90 年代随着经济的发展，中国工业废水排放量呈现出逐年增加的趋势，2010 年中国的工业废水排放量达到 237.47 亿吨，其中东部地区为 125.68 亿吨，中部地区为 81.63 亿吨，西部地区为 30.17 亿吨；近年来，随着国家对环境保护的重视，"十二五"期间我国工业废水处理事业也取得了较大的成就，2015 年工业废水排放量已下降至 199.5 亿吨；2017 年全国废水排放量约 771 亿吨，其中工业废水排放量约为 181.6 亿吨，占比 23.55%，呈现出逐年下降的趋势。纵然工业废水排放总量呈现下降趋势，但地区性差异仍较为明显，东部地区的工业废水排放量仍显著高于中部地区与西部地区，截至 2017 年，东部地区的废水排放量高出中部地区 1 倍，高出西部地区 3 倍。而工业废气排放量的区域性差异类似于工业废水的排放量，也呈现出东部大于中部，中部大于西部的特征；杨俊和王佳（2012）的研究则进一步表明中国的二氧化碳排放量也存在显著的省际差异，其基尼系数在0.25~0.27之间。根据《中国能源统计年鉴》的数据可知，中国的能源消费也呈现出显著的区域性差异，2010年东部地区能源消费占全国能源消费总量的47.56%，而中部地区占35.87%，西部地区占16.57%。近年来，能源消费的地区性差距仍较为明显，但呈现出了一定程度的收敛现象，截至2017年，该地区性差异仍较为显著，东部地区能源消费占全国能源消费总量的46.57%，而中部地区占31.98%，西部地区占21.45%。故在关注中国整体经济发展抑或环境污染的同时，其地区性差异也应该得到充分的重视。

随着全球气候变暖问题备受关注，节能减排已然成为各国经济发展过程中的重要环节。为解决环境污染问题，《中国落实2030年可持续发展议程国别方案》《国家应对气候变化规划（2014 - 2020年）》等一系列政策的发布，旨在推动生态环境保护。然而，传统产业的能源消费增长迅速且存在需求刚性，高碳的能源消费结构难以在短期内改变。"十三五"以来，中国环境管理的战略导向由降低污染物排放量转变为改善环境质量。如何有效实现节能减排、改善环境，使经济结构转型成为绿色发展已然成为重中之重，这也从根本上要求中国经济必须实现由粗放化增长到集约化发展的蜕变，抛弃"先污染后治理"的发展模式实现可持续发展。因此，如何合理地解决经济增长与环境污染的协调问题，如何认识人力资本发展与环境质量之间的内在协同关系，如何把控区域间人力资本发展和环境质量的差异性，是解决中国经济可持续发展过程中的重要议题之一。

第二节　相关概念界定

一、人力资本发展

单纯的人均国内生产总值并不能反映一国真实的财富，而居民才是一国真正的财富，因此联合国开发计划署（UNDP）在1990年的《联合国人类发展报告》中提出了人类发展指数这一新的指标，其基本原则是国家发展不应该仅仅通过人均收入来衡量，经长期实践证明还应该通过健康和教育成就来衡量。这在1990年被认为是极具开创性的，该指数反映发展的目的是为了创造一个适合居民生存时间更长、更健康和更富有创造性的生活环境。由此，该指数不仅意味着人们选择自由的增加，还在尽可能地表征人们可获得福利的增加，从而一方面有利于人们能力的形成，如健康情况的改善和知识水平的提高，另一方面则有利于人们充分利用已有的能力来工作和生活，从而实现个人效用的最大化。

该指数的构成最初是借鉴莫里斯（D. Morris）提出的生活质量指数，它包括平均预期寿命、婴儿死亡率和识字率等三项指标，UNDP（1990）则采用预期寿命、成人识字率和国民生产总值三项指标来构造人类发展指数，但是由于其在国际间评价中并不符合现实，因此 UNDP 在 1990 年的《联合国人类发展报告》中最终提出了人类发展应该包括人的健康长寿、受教育机会、生活水平和自由程度等内容，因而人类发展指数主要包括三个维度，即健康、教育和生活水平。为了更好地衡量人类发展，从 2010 年开始，UNDP 进一步提出了不平等调整后的人类发展指数（根据不平等程度对人类发展指数进行调整）。根据 UNDP 发布的《人类发展指数与指标：2018 年统计更新》可知，其仍从健康、教育及收入三个维度对一国居民的发展情况进行综合衡量（以出生时预期寿命来衡量过上健康长寿生活的能力；以平均受教育年限和预期受教育年限来衡量获取知识的能力；以人均国民总收入来衡量过上体面生活的能力）。

健康主要是以出生时预期寿命来反映。预期寿命是发展指数中的重要指标，长寿不仅仅指居民能够追求和实现更多的自由，而且与居民的营养健康状况紧密相关，从而能够客观地反映生命财富。

教育是人们能力的重要组成部分，它不仅有利于人们提高自己获取知识的能力，而且能够反映人们的创造能力。最初的发展指标是由成人识字率（2/3 权重）和小学、中学、大学综合入学率（1/3 权重）来反映教育，在 UNDP 发布的《人类发展指数与指标》报告中则采用平均受教育年限来取代识字率，采用预期受教育年限①取代入学率。

生活水平是指人们能够用来享受的财富，最初采用人均国内生产总值②来衡量，在 UNDP 发布的《人类发展指数与指标》报告中则进一步采用人均国民总收入的对数来反映。基于此，本书拟借鉴该发展指数的构建思路，对中国人力资本指数进行构建（如图 1.1 所示）。

---

① 预期受教育年限是指预期中儿童现有入学率下获得入学时间。
② 人均国内生产总值和人均国民总收入都采用购买力平价美元来折算。

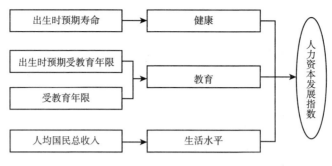

图 1.1 人力资本指数构成

长期以来,对该指数的讨论一直备受热议,努尔巴哈斯(Noorbakhash,1998)认为发展指数只关注发展的三个维度从而忽略了其他重要因素,如区域差距、政治自由、性别歧视等,并且很容易将人们的注意力从推进经济增长上移开,同时该发展指数的计算方式给予三个方面同等的权重是不公平的(Luchters and Menkhoff,2000;Sen,2002)。然而,作为"过去 20 年中最成功的多维度指标"(Herrero,2012),人类发展指标除了在导向度设置、指标选择和计算方法等方面存在缺陷之外,还是具备了非常强的可操作性,公平、贫困、政治自由和环境污染等被该发展指数忽略的指标本身可以通过较高的受教育水平、较高的国民收入水平和较高的预期寿命来代替,例如:巴罗(Barro,1997)的研究表明一国的政治自由会随着小学入学率的增长而得到改善;环境污染最终会随着人均收入水平的提高而得到改善(Panayotou,1993);库兹涅茨曲线的结论也表明收入水平和收入不平等之间存在着显著的"倒 U"型关系;而计算方法上缺陷也在随后的研究中得到不断完善(Forster,2005;Lopez-Calva and Szekely,2005;Prados,2007;Onur Sapci and Jason F. Shogren,2013;2017)。

二、环境质量

既有的研究大多采用单一的环境污染物作为环境质量或者环境污染的指标来展开分析,而环境质量是环境系统存在的一种本质属性,它描述了在具体的事件和空间内环境的总体或环境的某些要素对人类的生存和繁衍以及社会经济发展的影响程度(叶亚平、刘鲁君,2000),因而单一的指标只能反映环境系统某一方面的属性,却不能准确地描述环境系统的整体特征(Esty et al.，2005）。

本书所研究的环境质量是指人们的经济活动和日常生活向环境系统中排放污染物数量，因而有必要对环境污染物进行界定。

环境污染物按照污染源可以分为以下几大类（周海林，2004）：（1）工业污染源，主要是指煤、石油等燃料燃烧产生的污染，或工业生产过程中对环境造成的各种污染；（2）交通运输污染源，是指噪音、运载物的泄露、燃料的燃烧等途径造成的污染；（3）农业污染源，是指农药污染、过多使用化肥、水土流失和农业废弃物等；（4）生活污染源，是指生活污水、生活垃圾和生活燃料燃烧产生的废气等污染。

环境污染物按照环境要素属性可以分为：（1）水污染，是指水体因某种物质的侵入而导致其化学、物理、生物或者放射性等方面特征的改变，从而影响水的有效利用，危害人体健康或者破坏生态环境，造成水质恶化的现象。（2）大气污染，由于人类活动或自然活动引起某些物质进入大气中，呈现出足够的浓度，达到足够的时间，并因此危害人类的舒适、健康和福利的环境污染现象。（3）土壤污染，当过多的酸、碱、重金属等有害物质进入土壤中，超出土壤的自净能力，从而引起土壤的组成、结构和功能发生变化，微生物活动受到抑制，有害物质或其分解产物在土壤中逐渐积累，通过"土壤→植物→人体"，或通过"土壤→水→人体"间接被人体吸收，达到危害人体健康的程度，即为土壤污染。

最后，本书通过主要污染物，如工业二氧化硫排放量、工业废水化学需氧量（COD）、工业固体废弃物排放量、生活"三废"排放及处理状况等24个指标来构建综合性的环境污染指标，来对我国环境质量的变化进行描述，并通过综合性环境污染物指标的降低来表征环境质量的改善。

第三节 研究内容和方法

本书研究的主要内容如下。

第一章是绪论。在对中国当前社会发展过程中人力资本发展与环境质量的现状进行概要性阐述之后，提出本书的研究意义，然后在此基础上对本书所涉及的重要概念进行界定，最后对本书的主要内容和创新点进行归纳。

第二章是文献回顾。本章通过将有关研究分为经济增长对环境质量的影响、环境质量对经济增长的影响、经济增大与环境质量的协调性、人力资本发展及其影响因素以及环境质量与人力资本发展的相互关系五个方面来对既有文献进行梳理，并基于此提出本书研究的立足点。

第三章是中国省域人力资本发展水平分析。本章从教育发展、健康提升和经济增长三个维度描述了1990～2017年中国人力资本发展的总体状况，然后采用UNDP（1990，2010，2018）的方法建立了人力资本指标，并利用中国30个省区市（由于部分数据的缺失，故未将西藏纳入研究样本中）的面板数据进行实证分析，最后采用差异性分解和流动性分析等方法来对中国省域人力资本发展的统计特征进行分析。

第四章从大气污染、水污染、固体废弃物污染和能源消费等方面描述了中国1990～2017年环境质量的变化情况。然后参照人力资本发展指标的构建方法建立环境质量的综合评价指数，利用中国30个省区市的省际面板数据进行实证分析，并利用泰尔系数对其省际差异性进行分析。

第五章在厘清人力资本发展与环境质量逻辑关系的基础上，建立了环境质量决定方程和产出决定方程，然后利用联立方程组方法对其进行计量分析，以实证分析中国人力资本发展与环境质量之间的关系。

第六章在法勒等（Fare et al.，1997）提出的方向性距离函数的基础上构建人力资本发展与环境质量的协调性指标，然后利用数据包络分析方法对中国人力资本发展与环境质量的协调性进行测度，最后通过建立严格的动态面板模型实证分析导致中国人力资本发展与环境质量之间协调发展程度较低的原因。

第七章对本书的主要结论进行归纳，并提出政策建议和后续研究展望。

本书所采用的基本研究方法是定性分析与定量分析相结合的方法。其中定性分析方法是从中国人力资本发展与环境质量变化的内在本质出发，运用分析与综合、归纳与演绎以及抽象和概括等方法，对人力资本发展与环境质量的相关性进行思维加工，由表及里、由特殊到一般地认识人力资本发展与环境质量的内在关系。而定量分析方法则是采用计量估计模型对人力资本发展与环境质量的关系进行建模分析，并采用指数构建与分解（如泰尔系数、变异系数等）、面板数据计量分析模型、数据包络分析方法等对中国人力资本发展与环境质量的内在关系进行经验分析，并基于实证结论提出相应的政策建议。

第四节 主要创新点

本书的创新点如下。

（1）指标体系的构建。人力资本发展和环境质量是两个较为复杂的系统，采用单一指标进行研究会产生诸多偏差，因此本书首先在 UNDP（1990，2010，2018）的基础上，采用健康、教育和经济增长三个维度的数据构造了中国人力资本发展指标；同时利用工业废水、废气、固废等六个维度，利用工业二氧化硫排放量、工业废水排放量、工业固体废弃物排放量、能耗强度等 24 个环境指标构建了环境质量的综合评价指标，拟构建出反映其全貌的综合指标体系。

（2）根据内生增长理论，从人力资本发展角度，探讨环境问题，是本书的一大创新。本书建立了环境质量决定方程和产出决定方程，并利用联立方程组方法进行计量分析，以梳理人力资本发展与环境质量之间的逻辑关系。研究发现：环境质量与人力资本发展之间存在显著的"倒 U"关系；而构成环境质量指数的六个维度指标与人力资本发展之间的关系则不尽一致，工业废水排放量、工业废气排放量、空气质量、能源消耗四个维度指标与人力资本发展之间的关系形态仍为"倒 U"型关系，但是工业固体废弃物排放量、生活"三废"与人力资本发展之间的关系形态则分别为"倒 N"型关系与"正 N"型关系。

（3）人力资本发展与环境质量之间的关系分析最终是为了寻找人力资本发展与环境质量的协调性，本书建立了人力资本发展与环境质量的协调性指标，并利用数据包络分析方法运用中国省际面板数据对中国人力资本发展与环境质量之间的协调性进行分析。研究发现：整体上来看，中国人力资本发展与环境质量的协调性较低，并且除东部地区外，其他地区的协调指标均有明显的降低；通过对影响人力资本发展与环境质量协调性的因素进行分析，研究发现外商直接投资存量的增加、经济水平的提高和教育支出的增加等将显著提高人力资本发展与环境质量之间的协调度，而经济结构重型化如第二产业占比增加、资本深化加强和经济密度的进一步增加等则不利于人力资本发展与环境质量之间协调性的改善。

第二章　文献回顾

在传统的经济增长模型中，环境因素未得到足够的重视，"环境—人口—经济"并没有作为一个统一体受到关注。1972 年，罗马俱乐部在《增长的极限》一文中，率先提出如果环境得不到有效的重视，那么经济将不会保持持续的增长；福斯特（Forster，1972）的研究表明如果考虑污染治理投资，那么最优的经济增长速度将会是零；1978 年，马尔萨斯（Malthus）在《人口学原理》一书中，提出如果人口得不到有效的限制，那么最终人口增长将超过自然界所能提供的粮食产量，人类社会最终会走到崩溃的边缘；随后，格罗斯曼和克鲁格（Grossman and Kreuger，1991；1995）、帕纳约托（Panayotou，1993）等提出了环境库兹涅茨曲线（Environmental Kuznets Curve，EKC），其表示环境污染最终会随着收入水平的增加而增加，但是遗憾的是转折点并不会自动到来；2006 年，尼古拉斯·斯特恩在《斯特恩报告》中提出，如果日益增多的温室气体得不到有效控制，那么不断加剧的温室效应将会严重影响全球经济的发展。在这一系列的研究中，环境与发展的命题逐渐备受国内外学者的关注。结合本书的研究重点，以下将分别从经济增长对环境质量的影响、环境质量对经济增长的影响、经济增长与环境质量的协调性、人力资本发展及其影响因素以及环境质量与人力资本发展的相互关系五个方面对既有文献进行梳理。

第一节　经济增长对环境质量的影响

20 世纪末，在对北美自由贸易区环境纠纷的讨论中，格罗斯曼和克鲁格（1991）将环境污染与人均收入水平同时纳入计量估计模型中，研究发现人均收入水平与环境污染之间存在着有趣的"倒 U"型关系；随后，帕纳约托

（Panayotou，1993）基于 41 个国家的森林砍伐率数据，研究发现随着收入水平的提高，森林砍伐率出现先上升后下降的现象；沙菲克（Shafik，1994）在对安全饮用水和卫生状况的研究中发现这些条件会随着收入的提高而得到改善，但在对 PM 浓度和二氧化硫浓度的研究中却发现两者会随着收入的提高而出现先恶化后改善的变化趋势，但固体废弃物和二氧化碳排放量则会随着收入的提高而持续增加；卡恩（Kahn，1998）在对美国加利福尼亚州家庭尾气排放量的研究中发现环境库兹涅茨曲线是存在的，而且 EKC 转折点出现的时间和对应的收入水平与曲线的形状相关；考夫曼等（Kaufmann et al.，1998）则研究发现在人均 GDP 位于 3 000 美元到 12 500 美元之间时，二氧化硫浓度将随着人均 GDP 的增长而增长，而后随之下降；随后，不少实证研究结果也表明环境库兹涅茨曲线是存在的（Selden and Song，1994；List and Gallet，1999；Stern and Common，2001；Brock and Taylor，2010；Fodha and Zaghdoud，2010；Al-Mulali and Ozturk，2016；Ahmad et al.，2016；Ozatac et al.，2017；Pata，2018）。然而在对环境库兹涅茨曲线的研究中，由于研究方法的不同、样本数据的不同、计量估计方法的不同，研究结论也不尽相同：卡夫曼等（Kaufmann et al.，1998）的研究表明，二氧化硫排放量与人均收入之间呈现出显著的"正 U"型关系；罗卡尔等（Roca et al.，2001）在对西班牙六种空气污染指标的研究中发现：除二氧化硫外，其余五种指标与收入之间并不存在显著的相关关系；弗里德尔和加茨纳（Friedl and Getzner，2003）基于奥地利二氧化碳排放数据进行经验分析，其研究结论表明，两者间并非"倒 U"型关系，而是显著的"正 N"型关系；古普塔等（Gupta et al.，2009）建立了一个包含财政政策与环境污染的内生经济增长模型，其研究表明，环境质量的改善将促使公共中间产品生产率的提高，但经济增长却使环境质量降低，同时，当经济增长率高于一个临界水平且市场经济中的稳态平衡增长率不低于社会有效的增长率时，单一的稳态增长平衡点似乎是一个鞍点；穆拉利等（Al-Mulali et al.，2016）基于七个特定区域中的 107 个国家 1980～2010 年的数据，运用协整分析方法进行研究，研究发现 EKC 在其中六个区域是存在的；崔鑫生等（2019）采用 30 个经济体 1991～2015 年间易扩散污染物的数据，使用变异系数法构建了综合大气污染指标，其研究发现：尽管不同发展度的国家不同时期 EKC 的形状仍有差异，但都呈现出"倒 U"形态，表明"倒 U"型 EKC 的普遍存在性，同时，在样本期内，虽然不同经济体 EKC 的拐点差异较大，但都表现出随时间由右上向左下移动的动态趋同趋势。

基于环境库兹涅茨曲线的理念，部分学者开始对中国环境问题进行研究与探讨。基于时间序列数据，张晓（1999）发现中国存在微弱的环境库兹涅茨曲线；陈虹（2000）则发现中国人均二氧化碳排放量随着收入的增加而不断升高；包群等（2005）的研究表明由于污染指标和估计方法的不同，环境污染与经济增长之间并不一定存在显著的"倒U"型关系；赵等（Zhao et al.，2005）基于中国1981~2001年间六大环境污染指标，其实证分析结论显示，中国并不存在显著的库兹涅茨现象；林伯强和蒋竺均（2009）采用对数迪氏分解方法与斯特帕（STIRPA）模型对中国二氧化碳排放量的环境库兹涅茨曲线进行探讨，其研究发现中国二氧化碳排放量存在库兹涅茨曲线，且EKC的转折点为37 170元；许广月和宋德勇（2010）考察了中国省际碳排放情况，其研究表明全国及东、中部地区的二氧化碳排放量与经济增长之间存在显著的"倒U"型关系，而西部地区则不存在环境库兹涅茨曲线；高宏霞等（2012）利用中国省际面板数据进行研究，实证结论表明固体废弃物排放量和二氧化硫排放量与经济增长之间存在显著的"倒U"型关系，而烟尘排放量与经济增长则存在单调递增关系。王敏、黄滢（2015）利用中国112座城市在2003~2010年间的大气污染浓度数据，考察经济增长和环境污染之间的关系，其研究发现所有的大气污染浓度指标都呈现出"正U"型曲线关系。高纹、杨昕（2019）采用2003~2015年中国104个城市的SO_2、NO_2和PM10浓度及2013~2016年中国30个省会城市的PM2.5、CO和O_3浓度作为大气污染变量，构建经济增长与大气污染相互作用的联立方程组，其研究结果表明，六种大气污染物的浓度与经济增长之间均呈现"倒U"型的曲线关系。

由于环境库兹涅茨曲线并没有在相关研究中得到一致的认同，因此部分学者又将国际贸易、外商直接投资、产业结构、技术进步、教育、腐败、民主等因素（Hettige et al.，2000；Lopez and Mitra，2000；Hill and Magnani，2002；Sala-i-Martin and Subramanian，2003；Cole，2004；Farzin and Bond，2006；Brock and Taylor，2010；He and Wang，2012；Cole et al.，2011；盛斌、吕越，2012；聂飞、刘海云，2015；郑强、冉光和、谷继建，2016）作为控制变量纳入实证模型，但其经验分析结论也不尽一致。

第二节　环境质量对经济增长的影响

在早期对生产的研究中，环境并没有被纳入分析框架之中，其主要原因在于早期的相关研究是在假设技术是完全有效的前提下来测算经济增长效率的，如曼奎斯特（Malmquist）生产率指数（Farrell，1957；Caves et al.，1982；Fare et al.，1994）和索罗（Solow）全要素生产率（Solow，1956）等。然而，随着经济社会的发展，环境逐渐成为制约经济发展的一个重要因素，进而逐渐被纳入到经济增长的分析框架之中。在理论研究方面，卡夫等（Caves et al.，1982b）提出了超对数生产率指标；皮特曼（Pittman，1983）通过将环境治理成本作为非期望产出（undesirable qutput）价格引入到对生产率的测量中；钟等（Chung et al.，1997）通过扩展谢帕德（Shephard，1970）提出的距离生产函数，提出了可以包含非期望产出的方向性距离函数（directional distance function），其可以在保持投入固定的前提下增加期望产出（如：国内生产总值）的同时降低非期望产出（如环境污染），从而能够获得生产所需的技术导向，并结合曼奎斯特指数和伦伯格（Luenberger，1992）提出的短缺函数构建了马奎斯特—卢恩伯格（Malmquist-Luenberger）生产率指数；海卢和维曼（Hailu and Veeman，2001）则将环境污染作为一种投入引入到对生产率的研究之中；程和泽沃普洛斯（Cheng and Zervopoulos，2014）构造了一个生产者在环境技术下的包含非合意产出的广义方向性距离函数模型。

以上研究运用不同方法将环境因素引入到经济增长分析框架之中，其能在一定程度上获得环境污染对经济增长的实际影响，由此也引起了一系列实证研究的开展。法勒等（Fare et al.，2001）采用 Malmquist-Luenberge 生产率指数，对美国制造业 1974～1986 年的生产率进行分析，研究发现考虑环境因素后美国制造业的生产率将会每年下降 1.9 个百分点；全和西克尔斯（Jeon and Sickles，2004）采用 OECD 国家和亚洲国家 1980～1990 年的数据，研究发现考虑环境因素后，OECD 国家的生产率有显著的增长，而除日本外的其他亚洲国家的生产率则有不同程度的下降；约鲁克和扎伊姆（Yoruk and Zaim，2005）通过对 OECD 国家的进一步考察发现：考虑了环境因素的生产率要显著高于不考虑环境因素的生产率；余等（Yu et al.，2007）通过对中国台湾地区四个主要机场 1995～1999 年的投入产出数据进行分析发现，考虑了机场噪声这一"非期望产出"之后的生产率为 8.0%，而不考虑该非期望产出的生产率则为 22.6%，两者相差 14.6 个百分点；王兵（2008）通过对 APEC 组织 17 个国家和地区进行研究，其发现将二氧化碳排放量作为非期望产出之后的全要素生产率有显著的提高，且主要归因于技术进步；杜等（Du et al.，2014）和鲁沙旺等（Rusiawan et al.，2015）将二氧化碳排放指标纳入全要素生产率框架中，计算得出不同国家和地区的可持续全要素生产率；沈等（Shen et al.，2017）将资本存量和劳动力作为投入变量，将实际GDP和二氧化碳排放量分别作为期望产出和非期望产出，基于此，对30个国家的可持续生产率进行了测算。

随着中国经济的持续增长和环境的持续缺乏改善，使得环境因素对中国经济增长的影响也受到了较多关注。涂正革、肖耿（2009）对中国30个省区市规模以上工业企业1998～2005年的数据进行分析，研究发现环境管制和产业环境结构变化是中国工业增长的源泉，环境管制并没有对中国工业增长产生实质性的抑制作用，而产业环境结构的优化则对经济增长和环境污染降低起到重要的推进作用。涂正革、刘磊珂（2011）基于松弛变量的测度方式（lacks-based measure，SBM）模型，将能源、环境因素纳入生产率分析框架之中，研究发现资源环境约束对中国工业的生产率没有显著的影响，而经济结构重型化和工业企业规模过大则是制约SBM环境效率提高的重要障碍。陆宇嘉等（2012）构建了兼顾环境污染和环境治理的地区经济发展相对绿色指数，并对中国1998～2009年的省际面板数据进行分析，研究发现环境约束下，中国省域经济增长存在显著的空间依赖性，环境管制、服务业的发展以及外商直接投资等都会对中国省域经济的绿色增长产生积极的推动作用。杨俊和邵汉华（2009）基于Malmquist-Luenberger指数考察了中国1998～2007年地区工业的发展状况，结论表明忽略环境因素会显著高估中国的工业全要素生产率增长，而技术进步则是生产率提高的重要源泉，人均GDP、资本深化和外商直接投资会对中国地区工业环境全要素生产率的变化有显著的影响。王兵等（2010）基于方向性距离函数，采用SBM模型对中国省际环境技术效率进行分解，其表示能源过度使用和污染物过度排放是环境无效率的主要源头，环境约束下的全要素生产率增长率平均高于无环境约束的全要素生产率增长率。董敏杰等（2012）采用SBM模型与Malmquist-Luenberger生产率指数相结合的方法，将中国工业全要素生产率分解为投入效率损失、非期望产出效率损失和期望产出效率损失，并基于中国2000～2008年的省际面板数据进行分析，研究发现中国环境生产效率的70%源于污染治理效率损失，而30%在于投入效率损失。杨俊和陈怡（2011）利用方向性距离函数对中国1998～2008年30个省（区市）的农业经济发展进行研究，研究发现中国农业环境全要素生产率在样本期有显著的增长趋势，并且东部地区显著高于中西部地区，技术进步对农业环境全要素生产率的贡献最大，而忽略环境因素则会高估中国的农业生产率；王兵等（2011）和李谷成等（2011）采用 SBM 模型对中国农业环境全要素生产率的研究也印证了相关结论。叶初升、惠利（2016）在使用单元调查评估法对中国农业污染物排放量进行核算的基础上，结合 SBM 模型、方向性距离函数和 GML Global Malmgquist-Luenberger 指数，对 1995~2013 年中国农业生产效率和全要素生产率进行测算，其研究发现若忽略农业污染造成的损失，将导致农业全要素生产率被高估近一倍，其认为投入冗余和污染过度是农业生产无效率的主要来源，且后者对其影响更为明显。王冰、程婷（2019）采用 Malmquist-Luenberger 生产率指数模型，运用中国中部地区 2003~2015 年地级市面板数据，对中部地区城市环境全要素生产率及其分解部分进行了核算，并分析了地区差距和动态变化，其研究发现中部城市环境全要素生产率和技术进步率分别以年均 1.39%、1.85% 的速度增长，技术效率以年均 0.02% 的速度降低，中部地区环境全要素生产率、技术效率和技术进步率城市间差距在逐渐缩小，出现明显技术"追赶效应"。

第三节 经济增长与环境质量的协调性

经济与环境是一个复杂的有机统一体，两者间存在着各种各样的内在联系，其变化可以通过系统内部的自组织来实现，而系统最终走向何种序列、何种结构则取决于经济与环境之间各变量的协同作用，从而经济增长与环境质量之间的协调度也成为一大研究热点。既有研究大多采用耦合协调度、灰色关联、环境承载力、效率评价等方法来对一国或地区的经济发展与环境质量的协调性进行分析。

在理论研究方面，斯利瓦等（Sliva et al.，2013）建立了一个包含可再生（无污染）资源和不可再生（污染）资源的一般均衡模型，分析了经济增长和清洁环境之间的相互作用与兼容性。其研究表明，在成本不变时，最好的政策措施是实施更高的可再生资源标准；同时，在一定条件下，随着内生技术的变化，所有政策干预措施都将可能有利于环境改善和经济发展。

采用耦合协调度指标。刘艳清（2000）通过构建有效的协调度模型对辽宁省经济发展与环境质量的协调性进行研究，其发现 1990~1991 年辽宁省的经济发展与环境质量处于极不协调状态，1992~1996 年其不协调状况有所改善，到 1998 年其"经济—环境"系统则逐步趋于协调；张晓东和朱德海（2003）采用灰色系统 GM 模型研究了 20 世纪 90 年代中国省际区域经济与环境的协调度，并运用该模型对 2005～2010 年的区域协调度进行预测，研究发现中国大部分地区的经济与环境关系处于协调状态，但是由于经济增长以牺牲环境为代价，未来十年内中国区域"经济—环境"系统的协调度在空间上将呈现出"U"型分布；刘耀彬等（2005）构造了城市化与生态环境的耦合度模型，并对中国自 1985 年以来城市化进程进行分析，发现中国城市化与生态环境的耦合协调度较低，并且存在显著的地域性差异，东部地区显著高于中西部地区；李勇和王金南（2006）采用能耗强度、水耗强度、污染物排放强度（二氧化碳和二氧化硫）、运输强度、环保投入强度五个体现经济与环境协调发展的指标来构建经济与环境协调度指标，并选取广东、湖北和陕西这三个分别代表东中西部地区的省份之 1999～2003 年的数据进行分析，研究发现东部地区经济发展与环境质量相协调，而中西部地区的协调度则较低；张利库和白露（2007）建立了经济行为与环境污染的关系模型，并以中国 1980 年的数据为基准进行仿真，研究发现环境污染相较于经济行为有一个明显的滞后期，滞后期大约为 1/4 周期，并且当经济行为因子自增长系数下降时环境污染因子也将降低；吴玉鸣和张燕（2008）基于经济子系统和环境子系统的 18 项指标，采用耦合协调度模型和熵值赋权法对中国 1995 年、2000 年和 2005 年的省际数据进行分析，发现中国大部分地区的经济增长与环境发展处于低强度协调发展状态，并且区域间存在明显的差异性；赵芳（2009）构建了"经济—能源—环境"等综合发展水平指标体系，采用主成分分析方法和模糊数学隶属度函数构建协调度指标，对中国 2000～2007 年的数据进行分析，研究发现"经济—能源—环境"系统的协调度平均为 0.6860，处于弱协调状态，并且能源与经济处于强度不协调等级，能源与环境则处于弱协调等级，而经济与环境处于不协调等级；胡巍等（2010）采用层次分析法对甘肃省 1999～2008 年的经济增长与环境保护进行分析，发现甘肃省经济发展和环境保护都处于稳步增长状态，经济系统与环境系统的协调度较好；李树奎等（2011）从扩散环境与社会经济协调发展的角度来定义协调度，采用因子分析和相关分析等方法定量化区域社会经济与扩散环境功能协调发展指标，并对西北地区 352 个县域的农业技术扩散环境和社会经济发展之间的协调性进行考察，其分析发现西北地区各县域可以分为高度协调发展型、中等协调发展型、初级协调发展型和整体发展滞后型，并且在时间上呈现出明显的空间"S"型变化；刘定惠和杨永春（2011）建立了区域"经济—旅游—生态环境"耦合协调度指标体系，对安徽省1990~2008年的数据进行分析，发现安徽省的"经济—旅游—生态环境"耦合协调度较低，但总体上处于上升态势；梁流涛（2012）利用中国1997~2009年的省际面板数据，测算了中国各省区市的农业环境技术效率，研究发现农业发展与环境的协调性整体较低，而且在研究期内呈现出明显的波动状态，并且区域间差异与其经济发展水平、农业生产条件之间存在着对应关系；马丽等（2012）运用耦合协调度模型，对中国350个地级单元的经济环境耦合度和协调度进行空间格局分析，研究发现东部沿海地区的都市经济区和中部重要的产业集聚区的耦合度和协调度较高，而西部和东中部偏远地区的耦合度和协调度相对较低，并且按照经济环境的耦合度和协调度可分为经济环境和谐区、经济环境磨合区、经环境拮抗区和经济环境低耦合区，其中经济环境和谐的工业主要以电子机械、设备制造等高端装备制造业为主，经济环境磨合区的工业则主要以机械装备制造和部分污染性工业为主，经济环境拮抗区的工业主要以钢铁、石化、建材和发电等污染性行业为主，经济环境低耦合区的工业主要以初级产品的生产和加工为主。随后，逯进、常虹、汪运波（2017），刘玉凤、高良谋（2019）则从时空维度对中国区域经济与环境间的耦合协调发展与演化作了进一步分析。

采用效率评价。徐婕等（2007）采用交叉效率评价方法对中国各地区资源环境与经济协调发展的相对有效性进行分析，并引入"伪标准指数"将传统的DEA评价值与对抗交叉DEA评价值进行对比，并构建"经济—环境"协调发展的二维综合评价矩阵，研究结果表明中国绝大多数省份处于经济水平与协调发展双低的第三象限。涂正革（2008）基于法勒等（Fare et al.，1997）提出的方向性距离函数，计算环境技术效率，以此来反映经济发展与环境质量的协调性，并采用中国30个省区市的相关数据进行分析，研究发现区域间"环境—工业发展"极不协调。而分地区来看，东部地区的协调性较好，中西部地区的环境技术效率普遍较低，并且加快工业经济结构升级、深化产权结构改革、促进企业集团化发展和加大研发投入强度等可显著改善工业经济发展与环境的协调性。杨青山等（2012）采用SBM模型，从能源环境效率视角入手，对东北地区城市群"经济—环境"的协调发展状况进行分析，研究发现由于环保投入不足和环保技术落后等原因，东部地区三大城市群均未达到DEA有效，其中辽中南城市群的经济发展水平最高，中心城市环保效率达到 DEA 有效的数量最多，而吉林中部城市群和哈大齐城市群的"经济—环境"协调度有较大的改善空间。李平（2017）采用基于松弛的方向性距离函数和伦伯格（Luenberger）生产率指数法，对长三角和珠三角城市群中 25 个城市的环境经济绩效进行测算。李占风、张建（2018）则运用基于松弛变量的数据包络法（DEA-SBM）模型，对中国 30 个省区市 2001～2015 年间在资源环境约束下的工业环境技术效率进行了测算，并对其地区差异及其分布动态演变作了进一步的实证探讨。

在 EKC 框架下，已有研究大多认为中国现在仍处于 EKC 的左半段（吴玉鸣等，2012；周国富，2012；高宏霞等，2012），从而说明中国现仍处于经济增长与环境发展非协调的状态。曹光辉等（2006）基于当时中国的省际面板数据进行研究并没有发现"倒 U"型曲线的存在，中国于经济持续增长与环境持续恶化的状态，只有行之有效的环保政策才能实现经济增长与环境保护的协调发展。刘笑萍等（2009）在 EKC 效应的基础上，以二氧化硫作为典型的污染物，采用离散模型模拟分析了中国"十一五"期间实现污染物总量减排 10% 目标的可能性，模型分析和蒙特卡罗（Monte Carlo）仿真模拟的结果显示：要想实现中国的环境目标还有较大的难度，环境发展与经济增长之间仍处于不协调的状态。李娟伟和任保平（2011）通过对环境退化成本进行估计，发现中国的环境退化成本正在不断上升，并结合环境库兹涅茨曲线发现在不考虑政策因素的影响下中国当前的居民收入水平正处于 EKC 拐点的左端，经济持续增长会导致环境状况持续恶化，从而不利于经济增长与环境质量的协调发展。高纹、杨昕（2019）采用 2003～2015 年中国 104 个城市的 SO_2、NO_2 和 PM10 浓度及 2013～2016 年中国 30 个省会城市的 PM2.5、CO 和 O_3 浓度作为大气污染变量，构建经济增长与大气污染相互作用的联立方程组，其研究发现：SO_2、PM10 和 CO 的污染浓度已越过拐点，而 NO_2 和 PM2.5 的污染浓度尚未越过拐点，即处于随着经济增长污染趋于加重的阶段。

第四节　人力资本发展及其影响因素

在 UNDP（1990）提出人类发展指数之后，由于该指数缺乏对政治自由、地区差距、性别差异等因素的考虑，其指标的完善受到越来越多的关注。采用多元统计方法，诺尔布哈什（Noorbkhash，1998）、赖（Lai，2001；2003）

基于主成分分析方法，探寻构成该指数指标的最优线性组合，并对各指标间的权重进行估算；克里希纳（Krishna，2003）在马哈拉诺比斯（Mahalanbonis）提出的马氏距离基础上，以经过标准化后的实际值与标准化后的目标值之间的差距来测算该指数，这在一定程度上弥补了 UNDP（1991；1994）的缺陷；福斯特等（2005）提出了以转移准则法（transfer axiom）为规约的基于广义均值的 HDI 计算方法；杨永恒等（2005）则采用主成分分析方法，对其进行分析，在获得反映人发展水平的主成分后，利用斯皮尔曼（Spearman）秩相关系数来估计主成分与 UNDP 公布的发展指数之间的秩相关性，从而获得主成分排名与 HDI 排名的相关性；基于阿马蒂亚森的能力方法理论，罗宾斯（Robeyns，2006）认为人力资本发展水平有两种测算方法，一种是直接测量个人的功能水平，一种是分析能力投入的效果；普拉多斯（Prados，2007）从向度指标的标准化和总指数的合成方法出发，认为健康和教育这两个向度的指标应采用对数形式的凸性成就函数（convex achievement function）进行标准化，从而保证计量原理与健康、教育水平提高过程中的边际效用递减规律相符合，并提出用几何平均法来取代算术平均法，以限制和降低向度指数彼此间的数值替代性；李晶等（2012）借鉴空间距离方法，提出区域人类发展水平指标（RHDI），通过对中国 2010 年的数据进行分析发现，中国有 3 个省份可以划分为高人类发展区域，有 19 个省份可以划分为中等人类发展区域，有 9 个省份可以划分为低人类发展区域；陆康强（2012）从向度要素的相互关系出发，改进了该指数的算法，其结果相较于传统方法能够更好地体现人的发展要义，而且可提高发展指数的统计鉴别力。

人类发展指标为正确认识经济社会发展的最终效果起到了重要的指引作用，人力资本发展相关因素的研究受到了越来越多的关注。杨永恒（2006）等研究表明中国的人力资本发展自 1982 年以来取得了长足的进步，其中主要得益于竞技水平的提高，但区域间仍存在较大的差异，其中经济差距是"第一、第二世界"（胡鞍钢等，2000）以及"第二、第三世界"人力资本发展差异的主要原因，而"第三、第四世界"之间的差异则主要来自教育差距和健康差距；潘雷驰（2006）以政府支出的增长率为财政政策的代理变量，分析了中国 1990～2003 年的人类发展指数与财政政策的变动，其研究发现财政政策的变动与人类发展指数之间没有显著的相关关系，而考虑了财政政策变化的时滞后，财政政策的变动对中国人类发展指数有显著的负效应；戴姗姗（2007）对中国 1990～2003 年的人类发展水平和政府支出进行研究，发现政府支出总量对同期人类发展的影响呈现出弱显著相关特征，对教育、卫生和科技支出也有一定的正向影响，且对经济建设的影响最大；黄君浩（2011）采用中国 31 个省区市 1997 年、1999 年和 2003 年三年数据进行分析，研究发现人均基本建设支出、人均教育支出、人均卫生支出和人均三项支出的总和均在一定程度上有利于人类发展水平的提高，但在分组研究中发现：只有在经济发达地区人均公共支出才是人类发展指标改善的原因，而在经济欠发达地区只有人均基建支出对其有促进作用，而其他各项公共支出则对其存在负效应。

第五节　环境质量与人力资本发展的关系

由于环境污染会导致人们健康水平大幅度下降（Lin et al，1983；1987；EPA，2008），同时环境污染对劳动供给（Hausman，1983；Linn et al.，1983；1987；Ponka，1990；Hanna and Oliva，2010）、劳动生产率（Greestone，2002；William，2003；Mayeres and Van Regemorter，2008；Graff Zivin and matthew J. Neidell，2011；杨俊和盛鹏飞，2012）以及经济增长等有显著的负效应，从而对人力资本发展产生重要的影响。因此，人力资本发展与环境质量间相关关系的研究也受到了越来越多的关注。

通过对不同国家福利排名和环境指标的范围进行分析，贾和巴努（Jha and Bhanu，2003）运用 174 个国家的截面数据的实证研究发现环境污染程度指数（enovironment degradation index）与人类发展指数之间存在"倒 N"型关系；李晶（2007）在环境行为指数的基础上，参考阿特金森（Atkinson，1970）不平等测度方法提出了污染敏感的人类发展指数，利用 UNDP（2005）公布的数据对 177 个国家的数据进行实证分析，研究发现环境污染会对以毁坏环境为代价换取经济增长的国家产生极大的惩罚作用，考虑环境因素后此类国家 HDI 排名大幅度下降；科斯坦蒂尼和莫尼（Costantini and Monni，2008）对 179 个国家的跨国截面数据进行分析，研究结果显示若一国政府对人力资本积累进行适当的投资，以此实现经济的可持续增长，该经济增长将不会对环境质量产生负面影响，该研究又对人力资本发展与可持续发展指数之间的"倒 U"型关系进行了验证；慕克吉（Mukherjee，2009）基于类似的计量模型，运用印度 1990～2004 年的数据资料进行研究，发现随着污染物的不同，印度的人类发展水平与环境污染之间呈现出不同的非线性关系；赛尔坎（Serkan，2009）运用地中海地区 15 个国家 1970~2006 年的数据资料进行分析，实证结果表明人力资本发展有利于地区环境污染程度的降低；萨普奇和肖格伦（Sapci and Shogren，2017）则运用美国 2007~2009 年的县级面板数据探讨空气质量变化对人力资本发展的影响，其首先构建理论模型，对环境质量变化如何对人力资本发展产生负面影响，进而减缓经济增长的作用机理进行分析，基于此，其实证检验结果显示，污染每减少 1%，人力资本存量就会增加 0.10%。综上所述，长期来看，关注人力资本发展水平是物资资源约束条件下实现经济与环境可持续发展的有效路径选择。

第六节　文献述评

既有的研究已将环境、社会和经济等作为统一体展开研究，通过分析发现以下几点。

（1）从马尔萨斯的人口论到罗马俱乐部的增长的极限，人们认识到环境逐渐从无限供给的伊甸园转变为制约经济发展的重要因素。格罗斯曼和克鲁格的研究发现经济增长与环境污染之间存在着微妙的"倒 U"型关系，然而其结论并没有得到一致的认同，并且"倒 U"型的转折点并不会自动出现，从而为环境与经济之间关系的研究蒙上了一层新的面纱。由于环境系统与经济系统是两个复杂的多因素有机体，构建能够充分反映经济发展和环境发展的综合性指标是进一步认识"环境—经济"这一复杂系统的重要步骤。

（2）环境与经济之间并不是简单的单向关系，环境受经济发展的破坏，同时环境也制约着经济的长期稳定发展。将环境作为重要的非期望产出（undesirable output）或者投入引入到生产分析框架中，既有研究发现环境会对社会生产率产生显著的影响，但影响效果并不一致。大多数研究结果表明：发展中国家包含环境因素后的生产率会显著低于传统的生产率，而部分发达国家的环境敏感性生产率则会显著高于传统的生产率。

（3）环境库兹涅茨曲线试图寻找经济增长与环境质量改善的转折点，却常常事与愿违，因此寻求经济与环境协调发展已成为一大研究热点。从耦合协调度、灰色关联、环境承载力和效率评价等方法出发，大量文献考察了环境与经济发展的协调性。就中国的实际情况来看，当前中国的经济增长与环境发展处于较为不协调的状态，经济增长显著领先于环境发展，并且东部发达地区的经济环境协调性要远远高于中西部地区。但是既有研究结果不尽一致，一方面是由于所选取指标的不同，另一方面则是由于所选用的方法也不尽相同，因此，本书试图从综合的角度出发，进一步探析经济发展与环境发展的协调性。

（4）人类发展指数自诞生以来便备受关注，而环境问题也逐渐成为研究人力资本发展的新视角。从指数的构成出发，大多数研究从区域性差异、公共支出、发展指标的内部构成等方面来解析其发展变化特征；在传统的 EKC 框架之下，部分研究认为人力资本发展与环境质量之间也会存在"倒 U"型的库兹涅茨曲线，但是其结论缺乏稳健性。环境发展与人力资本发展是相关的统一体，因而本书从其相互影响的动力机制出发来探寻人力资本发展与环境发展的新特征。

第三章　中国省域人力资本发展水平分析

本章从人力资本发展指数的构成出发对中国的区域教育水平、区域健康水平等进行描述，并基于 UNDP（2010；2018）对人类发展指数与指标的构建思路，对中国省域人力资本发展指数进行测度，并利用方差分解法对中国人力资本发展的区域性差异进行探讨。

第一节　教育发展

一、教育政策

教育作为一种重要的社会公共品，其发展与国家的教育政策是密切相关的。回顾中华人民共和国成立以来的教育政策，其可以划分为三个阶段。

（1）探索阶段（1949～1958 年）。在 1949 年 12 月的第一次全国教育工作会议上，教育部明确了"为人民服务，首先是为工农服务和为当前的革命斗争和建设服务"的新中国教育方针，并且在这一教育方针的指导下，教育部明确了中小学以及其他各级教育的教育宗旨和教育任务，从此我国的教育事业开始全面走向规范办学的道路；随着中国从新民主主义社会到社会主义社会过渡，教育也开始向社会主义教育方向发展，周恩来同志在 1954 年 2 月的政务会议上提出"我们向社会主义、共产主义前进，每个人都应该在德、智、体、美、劳等方面均衡发展"，并且在《1954 年文化教育工作的方针和任务》中提出"中等教育和初等教育应该贯彻全面发展的方针"；在社会主义三大改造完成之后，中国正式进入社会主义社会，毛泽东同志于 1957 年 2 月在《关于正确处理人民内部矛盾的问题》中提出"我们的教育方针，应该使受教育者在德育、智育、体育几方面都得到发展，成为有社会主义觉悟的有文化的劳动者"。探索阶段的教育政策为尽快将中国的教育事业发展起来提供了重要的政策依据，也为我国的教育事业发展打下了坚实的基础。

（2）迷茫阶段（1958～1978年）。中国陷入"文化大革命"运动之中，教育事业的发展受到了很大冲击，这一阶段教育政策仍是沿用探索阶段的教育政策。

（3）快速发展阶段（1978年到21世纪初期）。自党的十一届三中全会以来，中国逐渐进入了改革开放的新时期，教育政策也有了新的发展。在1981年6月出台的《中共中央关于建国以来党的若干问题的决议》中，总结了新中国成立32年以来的教育经验，提出了"用马克思主义世界观和共产主义道德教育人民和青年，坚持德、智、体全面发展，又红又专，知识分子与工人农民相结合，脑力劳动与体力劳动相结合"的教育方针；在1982年的《中华人民共和国宪法》中明确规定"国家培养青年、少年、儿童在品德、智力、体质等方面全面发展"，从而对迷茫阶段的教育进行拨乱反正和正本清源，为尽快恢复和发展我国的教育事业起到了重要的导向作用；1985年5月，《中共中央关于教育体制改革的决定》正式提出了"教育应该为社会主义建设服务，社会主义建设必须依靠教育"的教育目的，中国的教育方针实现了从"教育为无产阶级政治服务"转向了"为社会建设服务"，从而使教育更能适应现代化的建设需求，同时确立了以"学校逐步实行校长负责制，有条件的学校要设立由校长主持的、人数不多的、有威信的校务委员会作为审议机构"的教育改革目标；1986年，六届全国人大四次会议正式通过了《中华人民共和国义务教育法》，从而确立了中国实施义务教育的教育理念；1995年3月，八届全国人大三次会议首次颁布了《中华人民共和国教育法》，第一次以法律的形式明确了中国的教育方针，即"贯彻教育必须为社会主义现代化建设服务，必须同生产劳动相结合，培养德、智、体等方面全面发展的社会主义事业的建设者和接班人的方针，进一步端正办学指导思想，把坚定正确的政治方向放在首位，全面提高教育者和被教育者思想政治水平和业务素质"；1999年，在九届全国人大二次会议的《政府工作报告》和《中共中央国务院关于深化教育改革全面推进素质教育的决定》中提出了新时期的教育方针应该增加"美"的要求；2001年5月发布的《国务院关于基础教育改革与发展的决定》中对教育管辖权进行了改革，确定了实行"在国务院领导下，由地方政府负责、分级管理、以县为主的体制"的教育管辖机制。快速发展阶段中，中国的教育政策逐渐成熟，并且逐步与世界接轨，促进中国教育事业的快速发展。

二、教育投入

（一）院校

院校数是反映教育投入的重要要素之一，图3.1描述了1990～2018年中国学前教育学校数的变化特征。学前教育是指由家长参与的，在幼师的指导下，利用各种方法来开发学龄前儿童的智力，系统地、有计划地对其大脑进行刺激，促使大脑各部位的功能逐渐完善而进行的教育模式，它是各种教育的前提基础。从图3.1中可以发现：学前教育学校数在1990～1998年间呈现出微弱的上升趋势；而在1998～2000年间则有显著的下降，从181 358所降低到11 752所，降低了36.2%；于2000年之后，学前教育学校数呈现出显著的增加趋势，2010年为150 420所，但仍低于20世纪90年代的水平。2010年后，学前教育处于增速发展阶段，随着国家对早期教育的重视，各地按照党中央、国务院的决策部署，以县为单位实施第一期、第二期学前教育三年行动计划，长期制约改革发展的一些瓶颈问题得到突破，学前教育资源迅速扩大。2018年，学前教育学校数增至26.67万所，较之2010年，增幅为77%。我国学前教育普及水平大幅提升，学前三年毛入园率已超过80%，单纯从入园率来看，已达到世界中上收入国家平均水平。"入园难"问题得以进一步缓解，中国学前教育发展已迈上新的台阶。

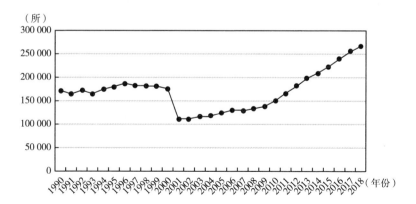

图3.1　中国学前教育学校数（1990～2018年）

资料来源：《中国统计年鉴》与《全国教育事业发展统计公报》（历年）。

对于普通小学和普通中学而言，如图 3.2 所示，1990～2018 年间普通小学学校数一直处于下降趋势，从最初的 76.61 万所降低到 2018 年的 16.18 万所，降幅近 80%，平均每年下降约 3 个百分点。而普通中学学校数则从 1990 年的 8.76 万所降低到 2018 年的 5.2 万所，降幅为 40.66%；从总体上来看，于 2011 年起，其缩减放缓，普通中学学校数基本维持稳定。普通小学和普通中学学校数的下降并不意味着中国普通小学和普通中学教育水平的下降，相反学校数的降低反映了普通小学和普通中学教育规模的提高，以及教育资源的集中有效利用，从而有利于普通小学和普通中学教育水平的提高。

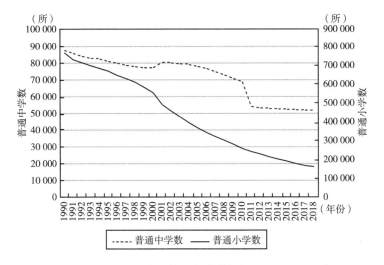

图 3.2 中国普通小学和普通中学学校数（1990～2018 年）

资料来源：《中国统计年鉴》与《全国教育事业发展统计公报》（历年）。

如图 3.3 所示，1990～2018 年间中国普通高等教育取得了长足的发展，普通高等院校数从 1990 年的 1 075 所增加到 2018 年的 2 663 所，增加了 2.48 倍，平均每年增加约 56 所。然而，中国高等教育学校数在 20 世纪 90 年代并没有显著变化，其高速增长主要发生在 2000～2018 年间，该期间中国高等教育学校剧增，其一方面得益于政府教育支出的快速增加，另一方面则是因为教育政策的改革促进了民营资本的进入，使得民办高校数量大幅度增加。2018 年，中国高等教育在校人数超过 3 000 万人，其中普通本专科在校生达到了 2 831 万人，研究生达到了 273 万人。我国各级教育普及水平不断提高，国民受教育机会进一步扩大。当前的高校数量已经基本能够满足高等教育的需求，但是我国高等教育的区域结构却不尽合理，经济发达的东部地区高等院校数远远高于经济相对落后的中西部地区，高等教育的公平性有待改善。

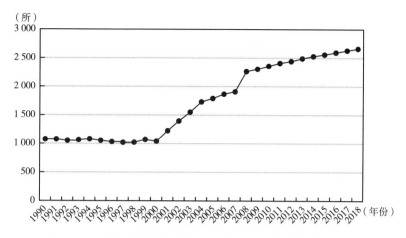

图 3.3　中国普通高等教育学校数变化情况（1990～2018 年）
资料来源：《中国统计年鉴》与《全国教育事业发展统计公报》（历年）。

对于职业高中学校数而言，职业高中属于专业技术性高中，其主要培养具有综合技能的，在生产、服务一线工作的高素质劳动者和技术人员。如图 3.4 所示，1990～1994 年间，中国的职业高中学校数呈现出微弱的上升趋势，而 1998 年之后，则出现了大幅度的下降，截至 2017 年，全国拥有职业高中学校共 3 617 所，仅仅是高峰期 1994 年的 1/3 左右。职业高中学校数量的下降主要源于普通高中和普通高等教育招生的增加，从而导致职业高中在校生人数的急剧下降。纵然暂未获取到截至 2018 年末全国拥有的职业高中学校数，但从全国中等职业教育共有学校数来看，2018 年仍处于下降趋势，由 2017 年的 1.07 万所，降至 2018 年的 1.03 万所，整体缓步下降的趋势并未改变。

（二）师资

师资是决定一个地区教育水平的关键因素，自 20 世纪 90 年代以来，中国教育事业的发展与中国师资水平紧密相关。图 3.5 报告了 1990～2018 年间中国教育师资的基本情况，从中可以发现：不论是专任教师总数还是每千人教师数，我国都处于一个较快的增长水平，其中专任教师总数从 1990 年的 1 000 万人增加到 2018 年的 1 673 万人，增加了 67%，每千人教师数则由 1990 年的 8.74 人增加至 2018 年的 11.99 人。

学前教育的师资情况如图 3.6 所示，其专任教师总数的变化趋势与学前

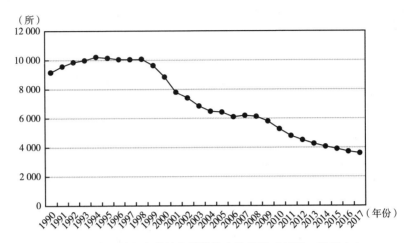

图 3.4　中国职业中学教育学校数变化情况（1990～2017 年）

资料来源：《中国统计年鉴》与《全国教育事业发展统计公报》（历年）。

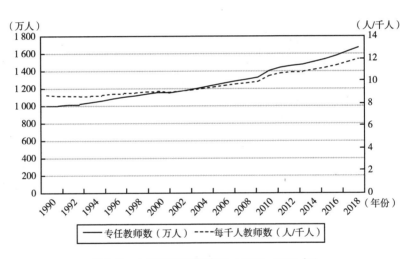

图 3.5　中国教育师资情况（1990～2018 年）

资料来源：《中国教育统计年鉴》与《全国教育事业发展统计公报》（历年）。

教育学校数基本趋同，报告期内呈现出一定的波动态势。1990～1996 年间，其呈现出微弱的上升趋势；随后，于 1998 年开始有所下降，并在 2001～2002 年间出现较大幅度的下降，2002 年达到历史最低点 57.1 万人；此后，开始稳步上升，并于 2010 年后，增速尤为明显。截至 2018 年，全国拥有学前教育专任教师 258.1 万人，较之 2002 年增长了 352%，年均增长率为 9.89%。其主要得益于国家对学前教育的重视，发布了相关的发展规划纲要以及规定对学前教育的普及率、各类幼儿园的用人行为进行了规划与规范。鼓励多种途径加强幼儿教师队伍建设，建立幼儿园园长和教师培训体系，满足幼儿教师多样化的学习和发展需求。学前教育专任教师师生比则呈现出与学前教育专任教师数相反的变动趋势，其于 2002 年达到历史最高点 53.66∶1，此后，师生比开始下降，2018 年降为 18.04∶1。纵然在报告期内，学前教育专任教师师生比大幅下降，但从总体上来看，我国幼师数量缺口仍较大，师生比仍较高。

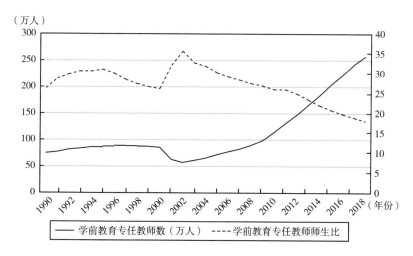

图3.6　中国学前教育师资情况（1990～2018 年）

资料来源：《中国教育统计年鉴》与《全国教育事业发展统计公报》（历年）。

图 3.7 描述了中国普通小学教育的师资情况，普通小学的专任教师数在报告期内呈现出波动上升的趋势；专任教师师生比在 2000 年前呈现出微弱的上升趋势，之后则缓慢下降。1990～2018 年间，普通小学专任教师数由 1992 年的最低值 552.7 万人，增至 2018 年的 609.2 万人，增长了 10%；专任教师师生比则由 1997 年的峰值 24.15∶1，下降至 2018 年的 16.97∶1。

图 3.8 描述了中国普通中学教育的师资情况，在报告期内，呈现出波动上升的趋势，普通中学的专任教师数从 1990 年的 303.3 万人增加到 2018 年的 363.9 万人，增加约 60 余万人，而师资比则在报告期内呈现出一个显著的"倒 U"型形态，1990～2002 年普通中学专任教师师生比由 12.91∶1 上升至 19.28∶1，随后，呈现出稳步下降的态势，2018 年该师生比为 12.79∶1，基本恢复到 1990 年的水平。这从一个侧面反映出我国普通中学教育在 1990～2002 年间扩展的过程中存在着粗放型发展的情况，随着国家对普通中学教育

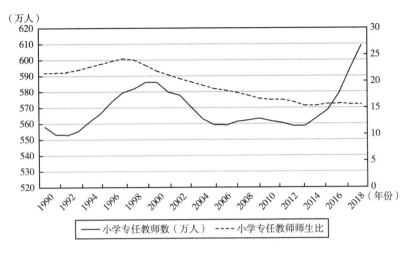

图3.7 中国普通小学师资情况（1990～2018年）

资料来源：《中国教育统计年鉴》与《全国教育事业发展统计公报》（历年）。

的支持，其教育质量又有了显著的提升。

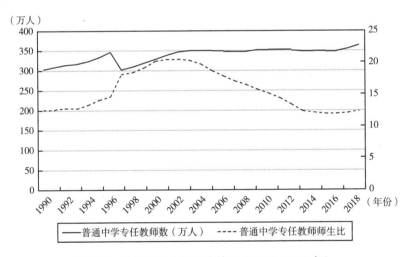

图3.8 中国普通中学师资情况（1990～2018年）

资料来源：《中国教育统计年鉴》与《全国教育事业发展统计公报》（历年）。

职业教育师资情况在此以职业高中专任教师数为例，图3.9报告了中国1990～2017年职业高中教育的师资发展情况（2018年的数据暂未获得），从中可以发现中国职业高中教育专任教师数在1990～1998年间有较快增长，而随着国家普及九年义务教育和普通高中教育的发展，在1999年之后职业高中专任教师数陡然下降，但于 2003 年开始回升，随后于 2013 年又开始缓慢下降，规模不断降低。而其师资比在报告期内也呈现出相对应的波动趋势，从 1990 年的 12.65∶1 逐步上升至 2009 年的 24.21∶1，随后开始下降，降至 2017 年的 14.47∶1。

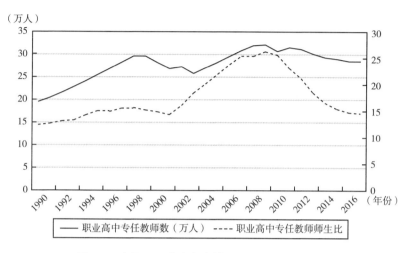

图 3.9　中国职业高中师资情况（1990～2017 年）

资料来源：《中国教育统计年鉴》与《全国教育事业发展统计公报》（历年）。

综上所述，就总体而言，中国教育行业的专任教师总数在增加，师生比也呈现出不同程度的下降，教师队伍总量增加，配置状况总体改善。同时，教师年龄结构也在不断优化，中青年教师成为中小学和高校教师的主体；教师学历结构也在不断改善，高学历教师所占比例增加，《2017 年全国教育事业发展统计公报》显示，小学、初中及普通高中专任教师的学历合格率分别达到 99.96%、99.83%、98.15%。我国教育行业师资力量的壮大，师资结构的不断完善，为我国实现从人口大国向人力资源大国的转变提供了有力的保障。

（三）教育经费

教育经费是教育事业发展的基础，国家在大力发展教育的同时，也对教育行业进行了较大投资。根据《2018 年全国教育经费执行情况统计公告》可知，中国的教育经费从 1992 年的 867 亿元增加到 2018 年的 46 143 亿元，年均增长率为 16.5%，远远高于中国国内生产总值的年均增速。

图 3.10 反映了中国教育经费的构成情况，在中国教育经费投入的构成中，

以国家财政性教育经费投入为主，但是其占比在报告期内呈现出波动的态势，先从 1992 年的 84.05% 下降至 2005 年的 61.30%，随后又上升至 2012 年的 80.29%，2012～2018 年间该占比基本趋于稳定。这一变化趋势很好地反映出报告期内我国教育经费来源逐渐实现多元化，教育行业逐渐接受社会办学。21 世纪初，民办高校办学经费的增长速度最快，年均增长 22.68%，其占教育经费总投入的比重从 1992 年的 0.1% 增长至 2005 年的 5.37%，但从 2006 年开始，国家对民办高校的监管日趋严格，民办高校热潮逐渐退去，民办高校办学费用所占份额由此也逐渐下降，截至 2018 年，其占比已不足 1%；除此之外，社会捐赠与事业收入投入也是中国教育经费总投入的重要来源，社会捐赠在 1992 年贡献了全国教育经费总额的 8%，然而在 1992～2018 年间，其所占份额逐年下降，截至 2018 年，社会捐赠所占份额仅 0.1% 左右，而事业收入投入占比则逐年提升，截至 2018 年，其所占份额已超过 15%。

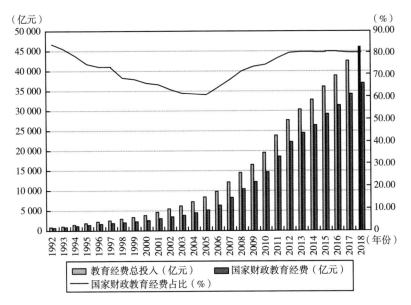

图 3.10　中国教育经费及其来源（1992～2018 年）

资料来源：《中国教育统计年鉴》与《全国教育经费执行情况统计公告》（历年）。

三、受教育年限

受教育年限作为教育的最终结果，同时也是人力资本的重要积累渠道。

本节将从受教育机会和受教育结果两方面来表述中国教育发展的结果。

（一）受教育机会

受教育机会采用学龄儿童入学率、初级中学入学率、高级中学入学率和大学入学率来反映。

$$JR = PR \times PU$$
$$HR = JR \times JU \qquad (3.1)$$
$$GR = HR \times HU$$

其中，JR 为初级中学入学率；PR 为适龄儿童入学率；PU 为小学升学率；HR 为高级中学入学率；JU 为初级中学升学率；GR 为大学入学率；HU 为高级中学升学率。

学龄儿童入学率反映了适龄儿童接受小学教育的机会，图 3.11 报告了中国 1990～2018 年间适龄儿童入学率，由此可见，1990 年，我国适龄儿童的入学率已经达到 98%，到 2010 年所有儿童均获得了接受小学教育的机会。

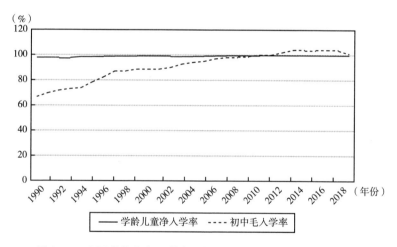

图 3.11　中国学龄儿童入学率和初级中学入学率（1990～2018）

资料来源：《中国教育统计年鉴》与《全国教育事业发展统计公报》（历年）。

对于初级中学入学率而言，本书采用接受初级中学教育的人数与适龄人数的比值来进行表达，具体采用学龄儿童入学率与小学升学率来进行计算，从中可以发现，1990 年中国的初级中学入学率仅为 67%，如图 3.11 所示，即有 33% 的适龄少年没有接受初级中学教育的机会，到 2008 年，中国初级中学入学率与学龄儿童入学率均达到99%，表明中国已基本完成九年制义务教育的普及。

图3.12描述了中国普通高中毛入学率和大学毛入学率的情况，它反映了居民接受高中教育和大学教育的机会。通过图3.12可以发现，普通高中毛入学率在1990～2002年间缓慢增加，12年间由22%增加到38%；2002年后，普通高中毛入学率大幅提升，在随后的8年间，由2002年的38%增至2010年的83%，2010年后，该指标基本趋于稳定，呈现出缓慢上升的态势，表明中国离普及高中教育目标的实现已越来越近。

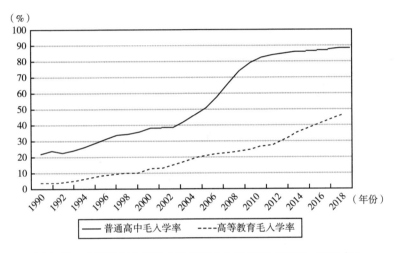

图3.12 中国高级中学和大学及以上入学情况（1990～2018年）

资料来源：《中国教育统计年鉴》与《全国教育事业发展统计公报》（历年）。

大学毛入学率如图3.12所示，我国大学毛入学率在报告期内保持了较高的增速，由1990年的3%，增至2006年的22%，再快速增至2018年的48%，这主要得益于中国教育政策的进一步改革和国家教育经费的大规模投入。

（二）教育结果

本节以受教育年限对居民受教育的结果进行刻画，具体按照巴罗和李（Barro and Lee，2000）的方法来计算受教育年限。即：

$$\text{Edu} = \frac{P \times 6 + J \times 9 + H \times 12 + G \times 16}{R} \tag{3.2}$$

其中，Edu 为受教育年限；P 为最高受教育程度为小学的人数；J 为最高受教育程度为初级中学的人数；H 为最高受教育程度为高级中学的人数；G 为最高受教育程度为大学及以上的人数；6、9、12 和 16 是按照学制来对具备小学教育、初级中学、高级中学和大学及以上受教育程度的权重（王小鲁，2000）；R 为 6 岁及以上人口数。

图 3.13 描述了 1990～2017 年中国人均受教育年限的变化趋势（2018 年的数据暂未能获取）。从中可以发现中国的人均受教育年限在报告期内稳步增长，从 1990 年的 6.26 年增加至 2017 年的 9.27 年，其从一个侧面很好地反映出，从平均水平来看，我国九年制义务教育的普及目标已经完成，但尚未完全实现高中教育的普及。

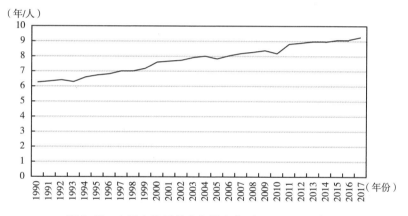

图 3.13　中国人均受教育年限变化（1990～2017 年）

资料来源：笔者根据历年《中国教育统计年鉴》与《全国教育事业发展统计公报》的数据进行整理得到。

由于我国教育投入以及教育发展水平存在着地区差异及地区间的教育不平等现象，故若忽略了地区间的差距，只分析总体的受教育年限并不能全面反映中国教育的实际情况，进而描绘出图 3.14，以此来反映 1990～2017 年间中国分地区的受教育情况（2018 年的相关数据暂未取得）。从中可以发现，1990～2017 年间东部地区、西部地区和中部地区①的人均受教育年限均呈现

_____

①　按照三大经济带的划分方法，将全国分为东中西三大经济带，其中东部地区包括北京、天津、河北、辽宁、上海、江苏、浙江、福建、山东、广东和海南等 11 个省市；中部地区包括山西、内蒙古、吉林、黑龙江、安徽、江西、河南、湖北、湖南、广西等 10 个省区市；西部地区包括重庆、四川、贵州、云南、西藏（因数据缺失，将其从样本中剔除）、陕西、甘肃、青海、宁夏、新疆等 10 个省区市。

出稳步增长趋势；其中东部地区从 1990 年的 6.56 年增长到 2017 年的 10.03 年，增加了 3.47 年；中部地区由 1990 年的 6.33 年增长到 2017 年的 9.24 年，增加了 2.91 年；西部地区则在报告期内增加了 3.27 年，增长至 2017 年的 8.76 年。同时，由图 3.14 可见，东部地区和中部地区在 1990～2005 年间的人均受教育年限基本相同，而 2005 年之后，东部地区的增长幅度显著大于中部地区，从而使东、中部地区之间的差异不断拉大；西部地区的人均受教育年限则在报告期内均显著低于东、中部地区，但是由于其增长幅度最大，其与中部地区的差异开始逐步缩减，由 1990 年的 0.85 年缩减至 2017 年的 0.49 年；但与东部地区之间的差异并未发生显著的变化。

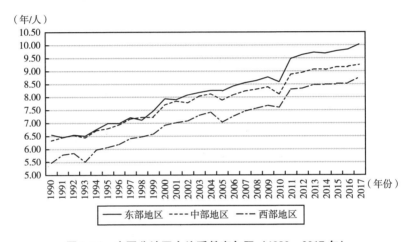

图 3.14　中国分地区人均受教育年限（1990～2017 年）

资料来源：笔者根据历年《中国教育统计年鉴》与《全国教育事业发展统计公报》的数据进行整理得到。

　　图 3.14 报告了中国区域间人均受教育年限的统计特征，但其并不能反映区域内省域间人均受教育年限的差异性状况。在此，采用标准离差率，即标准差与均值的比值，来反映区域内省域间的人均受教育年限之间的差异性。由图 3.15 可以发现，1990～2017 年间，无论是全国水平还是分地区的省际差异性水平，其标准离差率均呈现出不同程度的下降，这在一定程度上表明中国区域内省际受教育年限的差距正在逐步缩小，人均受教育年限在东、中、西部地区以及全国范围内均存在收敛现象。从分地区的情况来看，东部地区省际的差异性最大，西部次之，中部最低，并且东部地区与西部地区、中部地区的差异性水平相对较大，且其差距有扩大的趋势；中部地区的差异性水平整体上呈现出波动下降的趋势，但从 2015 年开始略有扩大的趋势；西部地

区的标准离差率差距则在报告期内整体呈现出缩小的趋势。

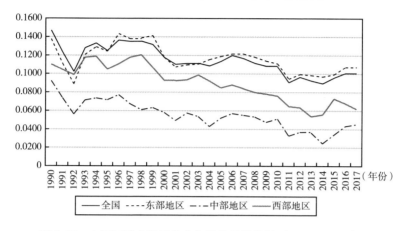

图 3.15　中国区域人均受教育年限差异性分析（1990～2017 年）

资料来源：笔者根据历年《中国教育统计年鉴》与《全国教育事业发展统计公报》的数据进行整理得到。

　　表 3.1 描述了 1990～1995 年、1996～2000 年、2001～2005 年、2006～2010 年、2011～2014 年以及 2015～2017 年六个期间中国 30 个省区市人均受教育年限排名情况（由于部分年份数据的缺失，故未将西藏纳入样本中）。由表 3.1 可见，在六个时间段中，排在前 3 名的省区市分别是北京、上海、天津，且在报告期内具有非常强的稳定性；随后为辽宁、吉林、山西、江苏，时间段不同，其相对排位略有差异，但基本保持在前 5 的位置；青海、云南、贵州、甘肃四个省份则在六个时间段中，均处于最后 5 位的位置，纵然时间段不同，其相对排名略有差异，但在报告期间内仍显现出较强的稳定性；对于中间排名的省份，在第 6 名到第 10 名之间的省份流动性较差，而第 11 名至第 24 名之间，其排名流动性则较强。

表 3.1　　　　　　中国省域人均受教育年限（各时间段平均值）

排名	1990～1995 年	1996～2000 年	2001～2005 年	2006～2010 年	2011～2014 年	2015～2017 年
1	北京（8.51）	北京（9.76）	北京（10.42）	北京（11.04）	北京（11.82）	北京（12.30）
2	上海（8.07）	上海（9.09）	上海（9.86）	上海（10.44）	上海（10.63）	上海（11.14）
3	天津（7.65）	天津（8.44）	天津（9.28）	天津（9.84）	天津（10.49）	天津（10.81）
4	吉林（7.33）	辽宁（8.12）	辽宁（8.64）	辽宁（9.06）	辽宁（9.84）	辽宁（9.93）

排名	1990～1995年	1996～2000年	2001～2005年	2006～2010年	2011～2014年	2015～2017年
5	辽宁 (7.30)	吉林 (8.06)	吉林 (8.62)	吉林 (8.81)	江苏 (9.30)	山西 (9.75)
6	黑龙江 (7.15)	黑龙江 (7.90)	黑龙江 (8.38)	山西 (8.76)	广东 (9.30)	广东 (9.63)
7	山西 (7.08)	山西 (7.73)	新疆 (8.37)	黑龙江 (8.69)	山西 (9.30)	内蒙古 (9.55)
8	广东 (6.73)	新疆 (7.57)	山西 (8.32)	广东 (8.67)	黑龙江 (9.29)	江苏 (9.51)
9	湖南 (6.66)	广东 (7.51)	河北 (8.14)	陕西 (8.48)	吉林 (9.28)	吉林 (9.49)
10	内蒙古 (6.65)	内蒙古 (7.37)	广东 (8.07)	江苏 (8.45)	湖北 (9.18)	黑龙江 (9.39)
11	河北 (6.56)	河北 (7.35)	河南 (8.05)	湖北 (8.42)	陕西 (9.13)	陕西 (9.38)
12	湖北 (6.55)	湖南 (7.34)	海南 (8.04)	新疆 (8.41)	内蒙古 (9.12)	湖南 (9.37)
13	陕西 (6.51)	湖北 (7.30)	湖南 (8.00)	内蒙古 (8.38)	浙江 (9.11)	湖北 (9.34)
14	江苏 (6.50)	江苏 (7.22)	内蒙古 (7.95)	湖南 (8.34)	新疆 (9.10)	海南 (9.27)
15	河南 (6.49)	河南 (7.21)	陕西 (7.89)	海南 (8.28)	海南 (9.08)	新疆 (9.25)
16	新疆 (6.42)	海南 (7.20)	山东 (7.89)	河北 (8.25)	江西 (8.93)	浙江 (9.09)
17	海南 (6.40)	陕西 (7.16)	湖北 (7.82)	山东 (8.22)	湖南 (8.88)	宁夏 (9.08)
18	广西 (6.39)	江西 (7.05)	江西 (7.80)	浙江 (8.19)	山东 (8.84)	重庆 (9.07)
19	重庆 (6.30)	浙江 (7.03)	江苏 (7.79)	河南 (8.17)	河南 (8.79)	山东 (9.06)
20	浙江 (6.29)	广西 (6.90)	广西 (7.74)	江西 (8.10)	河北 (8.79)	河北 (9.05)
21	江西 (6.27)	重庆 (6.80)	浙江 (7.67)	福建 (7.96)	重庆 (8.76)	福建 (8.91)
22	山东 (6.25)	福建 (6.79)	福建 (7.53)	广西 (7.96)	福建 (8.71)	河南 (8.86)
23	四川 (6.15)	四川 (6.71)	宁夏 (7.42)	宁夏 (7.91)	广西 (8.59)	江西 (8.80)
24	福建 (6.04)	宁夏 (6.64)	重庆 (7.42)	重庆 (7.80)	安徽 (8.50)	广西 (8.73)
25	宁夏 (5.95)	安徽 (6.58)	安徽 (7.26)	四川 (7.50)	宁夏 (8.50)	安徽 (8.66)
26	安徽 (5.79)	山东 (6.58)	四川 (7.24)	安徽 (7.42)	四川 (8.37)	甘肃 (8.52)
27	甘肃 (5.37)	甘肃 (6.16)	甘肃 (6.93)	青海 (7.18)	甘肃 (8.28)	四川 (8.44)
28	贵州 (5.18)	贵州 (5.90)	贵州 (6.71)	甘肃 (7.16)	青海 (7.85)	云南 (8.07)
29	云南 (5.11)	云南 (5.87)	青海 (6.52)	贵州 (6.87)	贵州 (7.84)	贵州 (7.90)
30	青海 (4.92)	青海 (5.32)	云南 (6.31)	云南 (6.85)	云南 (7.79)	青海 (7.78)

注：本书对我国31个省区市（不包括港澳台）进行相关研究，其中由于西藏数据缺失故未进行详细分析。

资料来源：笔者根据历年《中国教育统计年鉴》与《全国教育事业发展统计公报》的数据进行整理得到。

第二节 健康发展

一、健康投入

(一) 卫生资源

卫生资源是在一定社会经济条件下，社会为卫生部门提供的人力、物力、财力的总称，包括硬资源和软资源。其中，硬资源是指卫生人力、物力等有形资源；软资源是指医学科技、医学教育、卫生信息、卫生政策及卫生法规等无形资源。卫生资源是卫生部门为社会及人民群众提供卫生服务的基础，是开展卫生服务活动的基本条件。卫生资源的合理配置对于卫生事业持续、稳定、快速、健康的发展具有重要的促进作用。由此可见，卫生资源是保障居民健康的重要物质基础，由于数据资料的局限性，本节主要从医护人员的增长和分布来对中国的卫生资源状况进行分析。

图 3.16 报告了中国 1990～2018 年卫生人员数的变化趋势，从中可以发现：卫生从业人员总数从 1990 年的 613.77 万人增加到 2018 年的 1 230.67 万人，增加了 616.90 万人，纵然，从业人员总数较 1990 年翻了一番，平均每年增长 2.52 个百分点，但增长幅度仍远小于人口增长的幅度；卫生技术员在 2018 年为 951.92 万人，较之 1990 年增长了 144.21%，平均每年增长 3.24 个百分点；执业医师总数和注册护士总数等则分别从 1990 年的 130.30 万人和 97.45 万人增长到 2018 年的 301.04 万人和 409.86 万人，分别增长了 130.04% 和 320.57%，平均每年增长 3.04 个百分点和 5.26 个百分点，执业医师和注册护士总数的增速远高于卫生行业从业人员的增速，说明中国医疗资源正在不断改善；乡村医生和卫生员是服务于农村医疗事业的骨干力量，在 1990～2018 年间，乡村医生和卫生员数量呈现一定的不稳定发展态势，1990～2001 年，其数量呈现出稳步上升的态势，由 1990 年的 123.15 万名乡村医生和卫生员，上升至 2001 年的 129.06 万名，之后，则呈现出下降的态势，2003 年全国乡村医生和卫生员人数降至 86.78 万人，随着新农合作制度的推行和国家对乡村医疗建设的投入，其从业人员人数有所回升，2011 年增至 112.64 万人，但随后又呈现出下降趋势，2018 年，乡村医生和卫生员总数为 90.70 万人，剔除乡镇城市化与乡镇合并导致行政村数量减少等因素，

其在一定程度上仍表明在我国医疗卫生事业发展的同时对于农村医疗资源的
培养还有待进一步改善。

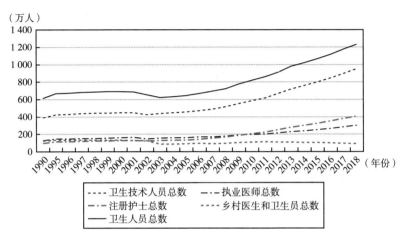

图 3.16　中国 1990～2018 年卫生人员数

资料来源：《中国卫生统计年鉴》与《卫生健康事业发展统计公报》（历年）。

卫生技术人员总数的增长反映了中国卫生事业的发展，然而其并不能反
映居民接受医疗服务的机会，本节采用每千人拥有的卫生技术人员数对此进
行表述。通过图 3.17 可以发现：1990～2018 年，平均每千人拥有的卫生技
术人员从 3.45 人增加到 6.82 人，说明居民接受医疗服务的机会不断增加；
从城乡数据来看，城市居民每千人拥有的卫生技术人员数在 1990 年为 6.59
人，而农村则为 2.15 人，城市是农村的 3.06 倍，然而在 1990～2002 年间，
城市每千人拥有的卫生技术人员数从 6.59 人下降到 5.02 人，而农村增加到
2.32 人，两者之间差距缩小到 2.7 人，2002 年之后，由于城市医疗资源迅速
集中，城市与农村的每千人拥有的卫生技术人员数差距迅速从 2.7 人扩大到
6.35 人，城乡居民接受医疗服务机会的不平等进一步增加。

执业医师和注册护士是卫生技术人员中的核心组成部分，表 3.2 进一步
描述了其变化和城乡分配状况。1990～2018 年，每千人拥有的执业（助理）
医师人数由 1.6 人增至 2.6 人，增加了 66%，每千人拥有的注册护士人数由
0.9 人增至 2.9 人，增加了 242%，执业医师的增长速度远小于注册护士的增
长速度；城市每千人拥有的执业（助理）医师数在报告期内呈现出波动上升
的态势，农村的情况则有显著改善，城乡之间的差距从 3 倍降低到 2 倍；农
村每千人拥有的注册护士数在报告期内增加了近 3 倍，但是仍远低于城市的

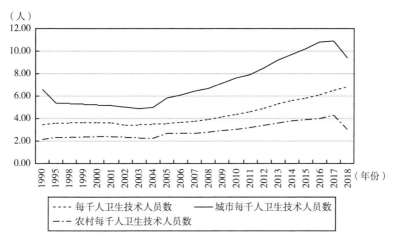

图 3.17　中国每千人卫生技术人员数（1990～2018 年）

资料来源：笔者根据《中国卫生统计年鉴》与《卫生健康事业发展统计公报》（历年）的数据计算得到。

平均水平，参考世界平均水平，中国城市每千人拥有的护士数量已经达到世界平均水平（世界平均水平为每千人拥有的注册护士数量为 3 人。纵然如此，与发达国家仍存在显著差距，人均拥有护士数量最多的是挪威，每千人拥有护士数量为 17.3 人，欧盟制定的基本标准为 8 人以上，而美国和日本分别为 9.8 人与 11.5 人），但农村与城市仍然存在较大的差距。

表 3.2　　　　中国城乡每千人执业医师数量和每千人注册护士数量　　　　单位：人

年份	每千人拥有执业（助理）医师数量			每千人拥有注册护士数量		
	平均	城市	农村	平均	城市	农村
1990	1.6	3.0	1.0	0.9	1.9	0.4
1995	1.6	2.4	1.1	1.0	1.6	0.5
1998	1.7	2.3	1.1	1.0	1.6	0.5
1999	1.7	2.3	1.1	1.0	1.6	0.5
2000	1.7	2.3	1.2	1.0	1.6	0.5
2001	1.7	2.3	1.2	1.0	1.7	0.5
2002	1.5	2.2	1.1	1.0	1.6	0.5
2003	1.5	2.1	1.0	1.0	1.6	0.5
2004	1.6	2.2	1.0	1.0	1.6	0.5
2005	1.6	2.5	1.3	1.1	2.1	0.7

续表

年份	每千人拥有执业（助理）医师数量			每千人拥有注册护士数量		
	平均	城市	农村	平均	城市	农村
2006	1.6	2.6	1.3	1.1	2.2	0.7
2007	1.6	2.6	1.2	1.2	2.4	0.7
2008	1.7	2.7	1.3	1.3	2.5	0.8
2009	1.8	2.8	1.3	1.4	2.8	0.8
2010	1.8	3.0	1.3	1.5	3.1	0.9
2011	1.8	3.0	1.3	1.7	3.3	1.0
2012	1.9	3.2	1.4	1.9	3.6	1.1
2013	2.0	3.4	1.5	2.0	4.0	1.2
2014	2.1	3.5	1.5	2.2	4.3	1.3
2015	2.2	3.7	1.6	2.4	4.6	1.4
2016	2.3	3.9	1.6	2.5	4.9	1.5
2017	2.4	4.0	1.7	2.7	5.0	1.6
2018	2.6	3.8	1.9	2.9	3.9	1.5

资料来源：笔者根据《中国卫生统计年鉴》与《卫生健康事业发展统计公报》（历年）的数据计算得到。

在卫生资源分配上，中国不仅存在巨大的城乡差距，而且省际也存在较大的差距。图3.18以2010年为例，分析了中国各省区市每千人人均卫生技术人员数的分配情况，从中可以发现：北京、上海和天津作为中国东部地区的代表省份，其拥有着中国最多的医疗资源；而以云南、贵州为代表的西部省份和以安徽、江西为代表的中部省份在医疗资源的占有上则存在较大的劣势，其中每千人拥有卫生技术人员最多的北京市是拥有最少卫生技术人员的贵州省的5.47倍。由此可见，中国医疗资源按照东中西的格局存在较大的差距，这不利于医疗资源的充分利用，也易造成医疗资源在东部地区的大量浪费，以及在中西部地区的短缺。

（二）医疗健康支出

医疗健康支出是与居民健康状况紧密相关的支出，它是指维持和改善健康的活动，如针对疾病、失能和精神障碍等相关的预防、诊断、治疗、护理和康复等活动的支出。图3.19报告了中国1990~2018年间的卫生总费用支出和人均卫生总费用支出的情况。卫生总费用和人均卫生总费用在报告期内

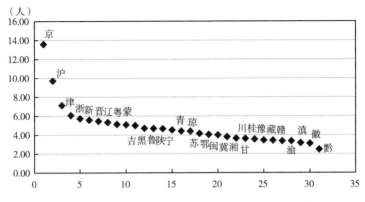

图 3.18 中国分省份人均卫生技术人员数量（2010 年）

资料来源：笔者根据《2010 中国卫生统计年鉴》的数据计算得出。

均有稳定增长，其中卫生总费用从 1990 年的 747.39 亿元增加到 2018 年的 57 998.30 亿元，28 年间增长了 77.60 倍，年均增长 16.81%，远高于中国国内生产总值的增长速度；人均卫生总费用也从 1990 年的 65.37 元增加到 2018 年的 4 148.10 元，增长了 63.46 倍，年均增长率为 15.98%，也领先于人均国民收入的增长，表明居民对健康状况日益关注。

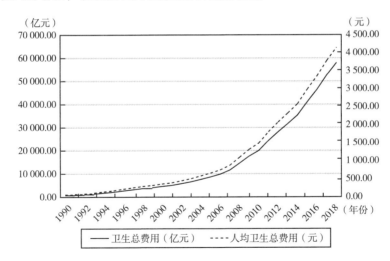

图 3.19 中国卫生费用支出状况（1990～2018 年）

资料来源：《中国卫生统计年鉴》与《卫生健康事业发展统计公报》（历年）。

如表 3.3 所示，在医疗费用的支出构成中，政府卫生支出、社会卫生支出和个人现金工资卫生支出呈现出三分天下的情况。1990～2018 年，中国政府卫生支出占总卫生费用支出的份额呈现出显著的波动态势，1990～2008年间，呈现出显著的"正U"型变化，随后至2018年，则呈现出一定程度的"倒U"型变化。在20世纪90年代，政府卫生支出占比从25%下降到15%，平均每年下降1个百分点，2000年之后，随着国家对卫生事业关注度的提高，政府卫生支出占比逐步增加，到2008年已经恢复到1990年的水平，达到25%，其后呈现出持续增长的趋势，于2011年达到31%的峰值后，则呈现出逐年下降的趋势。20世纪90年代，随着政府卫生支出的降低，个人现金工资卫生支出占总卫生费用的比重大幅度增加，到2001年已经达到60%，之后在国家卫生福利政策的作用下，个人现金工资卫生支出占比则显著下降，在1990～2018年间，呈现出"倒U"型态势。社会卫生支出占比受国有企业改革等政策影响，在20世纪90年代也有显著下降，于2001年达到峰谷值24%，随后，其占比逐步提升。就整体而言，中国医疗卫生支出的构成情况有短时间的波动，但从长期来看，政府、社会和个人将继续成为医疗卫生支出的"三驾马车"，这在一定程度上也表明医疗事业不仅仅是政府的事情，也日渐成为社会和个人最为关注的问题之一。

表3.3	中国医疗卫生支出构成		单位:%
年份	政府卫生支出占比	社会卫生支出占比	个人现金工资卫生支出占比
1990	25	39	36
1991	23	40	38
1992	21	39	40
1993	20	38	42
1994	19	37	44
1995	18	36	46
1996	17	32	51
1997	16	31	53
1998	16	29	55
1999	16	28	56
2000	15	26	59
2001	16	24	60
2002	16	27	58
2003	17	27	56

续表

年份	政府卫生支出占比	社会卫生支出占比	个人现金工资卫生支出占比
2004	17	29	54
2005	18	30	52
2006	18	33	49
2007	22	34	44
2008	25	35	40
2009	28	35	38
2010	29	36	35
2011	31	35	35
2012	30	36	34
2013	30	36	34
2014	30	38	32
2015	30	40	29
2016	30	41	29
2017	29	42	29
2018	28	43	29

资料来源：笔者根据《中国卫生统计年鉴》与《卫生健康事业发展统计公报》（历年）的数据计算得到。

二、健康状况

（一）五岁以下儿童死亡率

对于居民健康状况，本节首先采用中国监测地区新生儿、婴儿、五岁以下儿童死亡率的数据进行分析，通过图 3.20 可以发现：新生儿死亡率、婴儿死亡率、五岁以下儿童死亡率和孕产妇死亡率[①]在 1991～2018 年均有大幅下

———————

①　新生儿死亡率是指某一地区出生未满 28 天的新生婴儿死亡人数与该地区当年全部活产数的比值；

孕产妇死亡率是指从妊娠开始到产后 42 天之内死亡者，由于任何妊娠处理有关的原因导致的死亡数，具体按照每十万名孕产妇中的死亡人数统计；

五岁以下儿童死亡率是指五岁以下儿童的死亡数与五岁以下儿童活产数的比值；

婴儿死亡率是指婴儿出生后不满周岁死亡人数与同出生婴儿数的比值。

降，其中，新生儿死亡率从33.1‰降低到3.9‰，降幅为88.22%；婴儿死亡率从1991年的50.2‰降至2018年的6.1‰，降低了87.85%；五岁以下儿童死亡率从1991年的61‰降低到8.4‰，降低了86.23%；每十万名孕产妇中死亡人数从1991年的80人降低到18.3人，降低了89.63%。

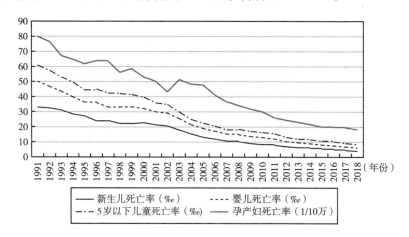

图3.20 中国监测地区五岁以下儿童及孕产妇死亡率分析（1991~2018年）

资料来源：笔者根据《中国卫生统计年鉴》与《卫生健康事业发展统计公报》（历年）的数据计算得到。

由于城乡间医疗条件存在巨大的差异，城乡居民之间的健康状况也有较大不同。表3.4描述了中国监测地区新生儿、婴儿、五岁以下儿童及孕产妇死亡率的城乡差异性情况，从表3.4中可以看出：在1991年，农村新生儿死亡率是城市新生儿死亡率的3倍，农村婴儿死亡率是城市的3.4倍，五岁以下儿童死亡率农村是城市的3.4倍，农村每十万名孕产妇中死亡孕产妇数是城市的2.2倍。随着国家对农村医疗体系建设的重视，农村医疗条件得到较大程度的改善，农村与城市之间的差距也日益缩减，1991~2010年，五岁以下儿童及孕产妇死亡率的城乡差距不断缩减，到2010年，农村的新生儿死亡率是城市的2.4倍，下降了20.00%，农村婴儿死亡率是城市的2.8倍，下降了17.65%，农村五岁以下儿童死亡率是城市的2.8倍，也下降了17.65%，而孕产妇死亡率是城市的1倍，下降了54.55%。随后，2010~2018年间，城乡间的差距缩减幅度虽然小于前期，但仍呈现出相对平缓的波动下降态势，表明城乡居民健康水平之间的差距正在不断缩小，存在收敛的趋势。

表 3.4 中国监测地区五岁以下儿童及孕产妇死亡率城乡差异性分析

年份	新生儿死亡率 (‰)			婴儿死亡率 (‰)			5 岁以下儿童死亡率 (‰)			孕产妇死亡率 (1/10 万)		
	城市	农村	差距	城市	农村	差距	城市	农村	差距	城市	农村	差距
1991	12.5	37.9	3	17.3	58	3.4	20.9	71.1	3.4	46.3	100	2.2
1992	13.9	36.8	2.6	18.4	53.2	2.9	20.7	65.6	3.2	42.7	97.9	2.3
1993	12.9	35.4	2.7	15.9	50	3.1	18.3	61.6	3.2	38.5	85.1	2.2
1994	12.2	32.3	2.6	15.5	45.6	2.9	18	56.9	3.2	44.1	77.5	1.8
1995	10.6	31.1	2.9	14.2	41.6	2.9	16.4	51.1	3.1	39.2	76	1.9
1996	12.2	26.7	2.2	14.8	40.9	2.8	16.9	51.4	3	29.2	86.4	3
1997	10.3	27.5	2.7	13.1	37.7	2.9	15.5	48.5	3.1	38.3	80.4	2.1
1998	10	25.1	2.5	13.5	37.7	2.8	16.2	47.9	3	28.6	74.1	2.6
1999	9.5	25.1	2.6	11.9	38.2	3.2	14.3	47.7	3.3	26.2	79.7	3
2000	9.5	25.8	2.7	11.8	37	3.1	13.8	45.7	3.3	29.3	69.6	2.4
2001	10.6	23.9	2.3	13.6	33.8	2.5	16.3	40.4	2.5	33.1	61.9	1.9
2002	9.7	23.2	2.4	12.2	33.1	2.7	14.6	39.6	2.7	22.3	58.2	2.6
2003	8.9	20.1	2.3	11.3	28.7	2.5	14.8	33.4	2.2	27.6	65.4	2.4
2004	8.4	17.3	2.1	10.1	24.5	2.4	12	28.5	2.4	26.1	63	2.4
2005	7.5	14.7	2	9.1	21.6	2.4	10.7	25.7	2.4	25	53.8	2.2
2006	6.8	13.4	2	8	19.7	2.5	9.6	23.6	2.5	24.8	45.5	1.8
2007	5.5	12.8	2.3	7.7	18.6	2.4	9	21.8	2.4	25.2	41.3	1.6
2008	5	12.3	2.5	6.5	18.4	2.8	7.9	22.7	2.9	29.2	36.1	1.2
2009	4.5	10.8	2.4	6.2	17	2.7	7.6	21.1	2.8	26.6	34	1.3
2010	4.1	10	2.4	5.8	16.1	2.8	7.3	20.1	2.8	29.7	30.1	1
2011	4	9.4	2.4	5.8	14.7	2.5	7.1	19.1	2.7	25.2	26.5	1.1
2012	3.9	8.1	2.1	5.2	12.4	2.4	5.9	16.2	2.7	22.2	25.6	1.2
2013	3.7	7.3	2.0	5.2	11.3	2.2	6	14.5	2.4	22.4	23.6	1.1
2014	3.5	6.9	2.0	4.8	10.7	2.2	5.9	14.2	2.4	20.5	22.2	1.1
2015	3.3	6.4	1.9	4.7	9.6	2.0	5.8	12.9	2.2	19.8	20.2	1.0
2016	2.9	5.7	2.0	4.2	9	2.1	5.2	12.4	2.4	19.5	20	1.0
2017	2.65	5.3	2.0	4.15	7.94	1.9	4.84	10.94	2.3	16.6	21.1	1.3
2018	2.2	4.7	2.1	3.6	7.3	2.0	4.4	10.2	2.3	15.5	19.9	1.3

资料来源：笔者根据《中国卫生统计年鉴》与《卫生健康事业发展统计公报》（历年）数据计算得到。

（二）人口预期寿命

人口预期寿命是指每个人出生时平均预期可存活的年数，其主要受社会经济条件、卫生医疗条件、生活条件、体制和遗传等因素的影响。人口预期寿命是与居民健康水平紧密相关的指标，而 UNDP 也正是采用人口预期寿命来反映居民的健康水平。

随着中国医疗水平的改善，中国人口预期寿命从 1981 年的 67.77 岁增加到 2015 年的 76.34 岁，30 多年间增长了 8.57 岁，若从 1990 年算起则增加了 7.79 岁，从 2000 年算起增加了 4.94 岁。同时，《2018 年我国卫生健康事业统计公报》显示，2018 年中国预期寿命为 77 岁，较 2015 年增加了 0.66 岁。表 3.5 展示了中国人口预期寿命在 1990~2015 年间的变化情况，这期间中国成功完成了经济转型，医疗水平也得到了大幅度提升。对于男女两性之间的人口预期寿命差距，从表 3.5 可看出：其差距从 1981 年的 2.99 岁增加到 2015 年的 5.79 岁，说明男女两性间预期寿命差距呈现出扩大的趋势。中国在过去的 30 余年中，人口预期寿命得以较快增长，联合国发布的《世界人口数据展望报告 2019》中数据显示，2019 年人口预期寿命世界平均水平为 72.6 岁（其中，男性为 70.2 岁，女性为 75.0 岁），较之 1990 年的 64.2 岁（其中，男性为 61.9 岁，女性为 66.5 岁）增加了 8.4 岁。由此可见，在报告期间，中国人口预期寿命的增长幅度与世界平均水平持平，近年来人口预期寿命无论从总体水平还是分性别水平，均高于世界平均水平。然而，《世界人口数据展望报告 2019》相关数据显示，2019 年欧洲与北美地区的人口预期寿命为 78.7 岁（其中，男性为 75.5 岁，女性为 81.7 岁），纵然近年来我国人口预期寿命提高较大，但较之世界发达地区仍存在差距，这在一定程度上表明中国医疗卫生条件和居民生活条件仍有待进一步提高。

表 3.5　　　　　　　　　中国主要年份人口预期寿命　　　　　　　　单位：岁

年份	合计	男	女	男女之差
1981	67.77	66.28	69.27	-2.99
1990	68.55	66.84	70.47	-3.63
2000	71.4	69.63	73.33	-3.7
2005	73.43	71.52	75.33	-3.89
2010	74.88	72.38	77.37	-4.99
2015	76.34	73.64	79.43	-5.79

资料来源：历年《中国卫生统计年鉴》。

　　基于第六次全国人口普查结果的相关内容，图 3.21 描述了 2010 年中国
省际人口预期寿命的空间分布，从中可以发现：2010 年人口预期寿命最高的
五个省份分别是北京、海南、天津、吉林和黑龙江，均属于东部地区，而人
口预期寿命最低的五个省份分别是青海、云南、宁夏、贵州和甘肃，均属于
西部地区。如图 3.22 所示，人口预期寿命与人均国内生产总值存在着显著的
相关关系，位于右上方的主要是上海、北京、天津、江苏和浙江等东部省份，
而左下方的主要包括贵州、云南、甘肃和青海等西部省份。中国省际人口预
期寿命的空间分布呈现出东部经济发达地区的人口预期寿命显著高于中、西
部地区，西部地区的人口预期寿命最低。

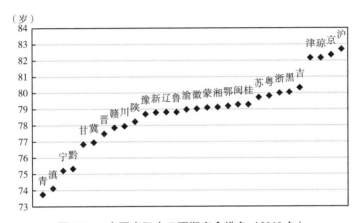

图 3.21　中国省际人口预期寿命排名（2010 年）

资料来源：《中国卫生统计年鉴》（历年）。

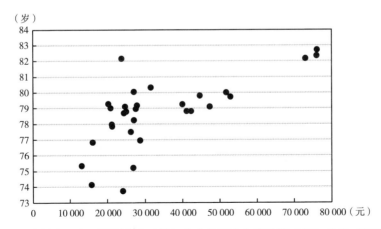

图 3.22　中国省际人口预期寿命（岁）与人均国内生产总值（元）分布（2010 年）

资料来源：笔者根据《中国卫生统计年鉴》和《中国统计年鉴》（历年）计算得到。

第三节　经　济　发　展

一、经济发展水平

改革开放 40 余年来，中国经济高速增长，纵然 2010 年后，国内生产总值的年增长率呈现出下降趋势，但中国已然成为仅次于美国的世界第二大经济体。首先，中国实际国内生产总值[①]从 1990 年的 18 667.82 亿元增加到 2010 年的 137 317.99 亿元，增长 7.36 倍，进入到 2000 年之后，国内生产总值年均增长率仍保持在 10% 左右；经过 30 余年的高速增长后，于 2010 年后，中国国内生产总值年增长率呈现出逐年下降的趋势，2018 年增长率降至 6.6%。其次，从国内生产总值的构成来看，第一产业增加值占国内生产总值的比重从 1990 年的 26.58% 下降到 2010 年的 9.33%，再持续下降至 2018 年的 7.19%，第二产业占比从 1990 年的 41.03% 增加到 2010 年的 46.50%，但随后又出现回落，降至 2018 年的 40.56%，而第三产业占比则从 1990 年的 32.38% 增加到 2010 年的 44.18%，再持续上升至 2018 年的 52.16%，如图 3.23 所示，中国国民经济结构已基本完成从"落后的农业国"到快速发展的"工业国"的转变。表 3.6 描述了中国 1991～1995 年、1996～2000 年、2000～2005 年、2006～2010 年以及 2011～2018 年五个时间段第一产业、第二产业和第三产业增长对国内生产总值增长的贡献，从表 3.6 中可以发现：第一产业增加值对国内生产总值增长的贡献逐渐下降，其贡献从 1991～1995 年时间段的 7.81% 降至 2011～2018 年的 4.44%，大大低于其占国内生产总值的比重；第二产业增加值对国内生产总值的贡献在各时段也有一定程度的下降，由 1991～1995 年时间段的 65.41% 降至 2011～2018 年时间段的 43.86%，但其份额始终保持在 40% 以上，仍是中国国民经济的重要推力；第三产业对国内生产总值增长的贡献则在报告期内显著提高，从 1991～1995 年的 27.03% 大幅增长到 2011～2018 年的 51.70%，提高了近 25 个百分点，使其成为中国国民经济的第一推力。

---

① 实际国内生产总值以 1998 年的价格为基期。

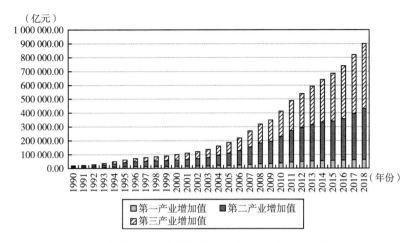

图 3.23　中国国内生产总值总量及其构成（1990～2018 年）

资料来源：《中国统计年鉴》（历年）。

表 3.6　　　　　　第一、第二、第三产业对国内生产总值增长的拉动

（1991～2018 年）　　　　　　　　　　　　　单位：%

时间段	第一产业	第二产业	第三产业
1991～1995 年	7.81	65.14	27.03
1996～2000 年	6.60	60.43	32.43
2001～2005 年	5.29	51.66	43.06
2006～2010 年	4.37	52.07	43.73
2011～2018 年	4.44	43.86	51.70

资料来源：笔者根据《中国统计年鉴》（历年）的数据计算得到。

二、经济发展差异

由于个体间、群体间和区域间资源要素分配的不公平和机会不均等，在中国经济发展过程中，存在着较大的微观个体间差异、城乡差异以及区域性差异。

（一）居民收入差异性

居民收入差异是从微观层面来考察个体间收入水平的差异性，一般采用基尼系数进行表述。从图 3.24 中可以发现，自改革开放以来中国居民收入差异不断加大，其中全国居民基尼系数从 1978 年的 0.32 增加到 2010 年的

0.48，农村居民基尼系数从 1978 年的 0.21 增加到 2010 年的 0.36，城市居民基尼系数从 1978 年的 0.16 增加到 2010 年的 0.38。居民收入不平等扩大的原因是多方面的，一方面在以按劳分配为主体多种分配方式共存的分配制度下，资源要素分配的不公平和机会不均等是导致收入差距拉大的重要原因，如居民受教育程度和机会的不均等以及接受医疗卫生服务的质量和机会的不均等均会导致居民人力资本显著的差异，从而导致居民收入差距的拉大；另一方面，市场经济条件下，交易的不公平是导致居民收入差异加剧的另一原因。自 1992 年南方谈话之后，中国逐步建立了完善的社会主义市场经济体制，但市场经济的发展也导致了交易机制的不公平，资源要素流动存在诸多障碍、资源要素价格的扭曲、居民个体间资源和收入初始水平的差异等都导致了居民收入差异的扩大。2010 年后，全国居民基尼系数变动不大，处于相对平稳的态势，截至 2018 年，全国居民基尼系数为 0.47。

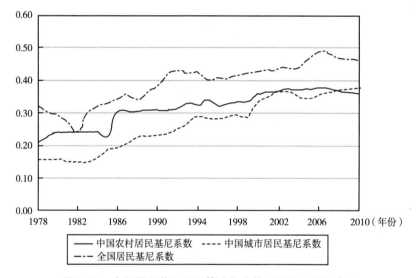

图 3.24　中国居民收入不平等演化趋势（1978～2010 年）

资料来源：笔者根据《中国统计年鉴》（历年）计算得到。

（二）城乡差距

城乡居民收入差距是中国居民收入差距的另一重要组成部分，城乡收入差距占总收入差距的 75% 以上（杨宜用，2005）。图 3.25 报告了 1990 年以来中国城乡居民收入水平的变化情况，从中可以看出城镇居民人均可支配收入从 1990 年的 1 510.20 元增加到 2018 年 39 251.00 元，年均增长 12.34%，而农村居民人均纯收入的年均增长率仅为 11.54%，从而城乡居民之间的收入差距从 1990 年的 82.90 元增加到 2018 年的 24 634.00 元，城乡收入比从 1990 年 2.20 倍扩大到 2007 年的 3.14 倍，随后又回落至 2018 年的 2.69 倍，在过去的 40 余年间，中国城乡居民收入差距虽在 2010 年后呈现出一定程度的收敛现象，但整体上仍呈现出扩大的态势，且成为居民收入差距中最重要的问题之一。

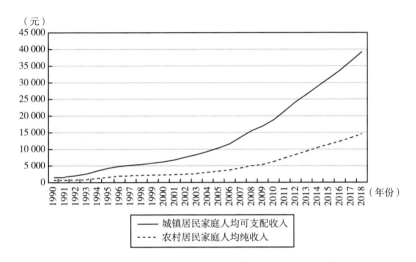

图 3.25　中国城乡居民收入水平变化（1990～2018 年）

资料来源：《中国统计年鉴》（历年）。

中国城乡居民收入差异扩大的原因也是多方面的，一方面，长期以来政府对农副产品价格实行严格控制，农村生产要素和资源的流动性受到诸多阻碍，城乡居民间社会福利和社会保障等存在巨大的差异，这是导致城乡居民收入差异扩大的重要原因（李实，2003）；另一方面，由于城乡经济结构的不同，城乡居民的比较劳动生产力存在较大差异（蔡继明，1998），同时农村地区金融发展长期落后于城市，这也导致了中国城乡收入差距的进一步扩大（汤荔、钟笑寒等，2004；温涛等，2005）。

（三）区域间差距

中国经济发展存在着显著的区域不平等特征，表 3.7 报告了全国、东部地区、中部地区和西部地区人均国内生产总值的平均值和标准离差率，从中可以发现：就平均值水平来看，全国、东部地区、中部地区以及西部地区的人均国内生产总值的平均值在 1990～2010 年间都具有显著的增长趋势。东部地区拥有全国最高水平的人均国内生产总值，而且在报告期内增长速度最快，而东部地区和中西部地区的差距也从 1990 年的 1 331.15 元和 1 480.36 元增加到 2010 年的 22 662.40 元和 28 413.70 元，分别增长了 17 倍和 19 倍；中部地区和西部地区在 1990 年的人均国内生产总值基本持平，但是由于中部地区的增长速度较快，中西部地区之间的差距不断拉大，到 2010 年中部地区的人均国内生产总值比西部地区高 27%。

表 3.7 中国区域经济发展差异性

年份	全国		东部地区		中部地区		西部地区	
	平均值（元）	标准离差	平均值（元）	标准离差	平均值（元）	标准离差	平均值（元）	标准离差
1990	1 826.42	0.5955	2 733.36	0.5155	1 402.22	0.2269	1 253.00	0.2042
1991	2 057.32	0.6113	3 136.82	0.5079	1 527.20	0.2409	1 400.00	0.2265
1992	2 481.85	0.6226	3 884.45	0.4822	1 804.75	0.2289	1 616.10	0.2343
1993	3 205.82	0.6492	5 179.27	0.4689	2 265.05	0.2163	1 975.80	0.2380
1994	4 159.62	0.6542	6 796.45	0.4535	2 926.63	0.2238	2 492.10	0.2610
1995	5 158.21	0.6536	8 400.55	0.4598	3 668.84	0.2011	3 081.00	0.2621
1996	5 975.52	0.6508	9 699.82	0.4620	4 312.90	0.2050	3 541.40	0.2377
1997	6 691.51	0.6643	10 909.91	0.4751	4 786.78	0.2063	3 956.00	0.2457
1998	7 231.03	0.6755	11 853.45	0.4847	5 117.00	0.1927	4 260.40	0.2337
1999	7 719.01	0.6916	12 762.36	0.4953	5 360.95	0.1887	4 529.40	0.2200
2000	8 539.69	0.7008	14 159.55	0.5026	5 931.94	0.2004	4 965.60	0.2342
2001	9 329.39	0.7001	15 441.27	0.5054	6 477.30	0.1924	5 458.40	0.2335
2002	10 337.02	0.7075	17 181.00	0.5095	7 127.96	0.1880	6 017.70	0.2302
2003	11 846.26	0.7082	19 727.18	0.5060	8 168.30	0.1969	6 855.20	0.2400
2004	14 064.09	0.6977	23 241.55	0.5039	9 899.66	0.1942	8 133.30	0.2336
2005	16 234.68	0.6778	26 681.18	0.4806	11 670.90	0.2153	9 307.30	0.2352
2006	18 627.32	0.6589	30 381.64	0.4627	13 576.20	0.2336	10 748.70	0.2337
2007	21 973.42	0.6365	35 369.00	0.4490	16 414.20	0.2455	12 797.50	0.2273
2008	25 789.52	0.5954	40 539.09	0.4200	19 940.30	0.2666	15 414.20	0.2259
2009	28 199.35	0.5510	43 138.55	0.3853	22 320.30	0.3017	17 645.30	0.2375
2010	33 359.84	0.5139	49 836.00	0.3586	27 173.60	0.2914	21 422.30	0.2541

资料来源：笔者根据《中国统计年鉴》（历年）计算得到。

对于区域内差异，本节采用标准离差率进行描述，标准离差率是标准差与平均值的比值，它可以降低不同样本规模对波动程度的影响，从而使得不同群体的同一指标的波动情况更具可比性。从表 3.7 中可以发现：全国层面的标准离差率在报告期内呈显著下降趋势，从 1990 年的 0.5955 下降到 2010 年的 0.5139，说明全国层面上省际经济发展水平是可收敛的；东部地区的标准离差率从 1990 年的 0.5155 降低到 2010 年的 0.3586，是东中西部地区降幅最大的地区，说明东部省份存在较快的"俱乐部收敛"现象；相较于东部地区，中部地区的标准离差率在报告期内有微弱的下降趋势，但于 2005 年后，标准离差率开始回升，西部地区的标准离差率在报告期内呈现出波动上升的趋势，从而说明在中部地区和西部地区"俱乐部收敛"情况并不明显。

如图 3.26 所示，在 2011～2018 年间，从整体上来看，全国各省区市人均国内生产总值的标准离差率在此期间变化不大，基本趋于稳定。就区域间而言，东部地区与西部地区在报告期间内也基本趋于稳定，但中部地区则在报告期间内呈现出较为显著的下降趋势。

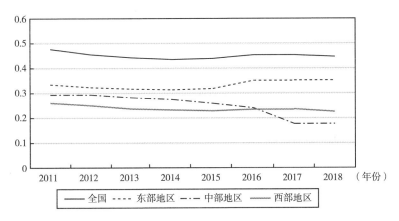

图 3.26　中国区域经济发展差异性——标准离差率（2011～2018 年）

资料来源：笔者根据《中国统计年鉴》（历年）计算得到。

第四节　中国区域人力资本发展水平的测度

一、人力资本发展指标

长期以来，人们习惯于以人均国内生产总值为衡量一国（或地区）发展水平的首要指标。然而，随着对发展问题研究的不断深入，研究的重点已从单纯关注经济增长逐步转向重视人自身的发展。UNDP 在《1990 年人类发展报告》中首次给出了人类发展指数（HDI）的测度方式，这为随后的经验分析提供了可行性。UNDP 提出的发展指数包含三个主要维度——寿命、知识以及资源的获得，其代表了人的三个基本选择——长寿以及健康的生活、获取知识和获得体面生活所需要的资源。其中，寿命维度用出生时的预期寿命来度量；知识是通过教育的实现程度来表现，教育的实现程度以成人识字率（占 2/3 权重）和初级、中级及高级教育的综合入学率（占 1/3 权重）共同衡量；资源的获取则用人均实际 GDP 来计算。本节参照 UNDP 提出的人类发展指数的构建方式，并基于对本节拟构建的计量模型中可能出现的多重共线性问题的考虑，同时借鉴科斯坦蒂尼和莫尼（2008）的处理方式，在计算 HDI 时，剔除对资源获取维度的考虑，仅用长寿维度和知识维度对各地区人力资本水平进行度量，构建人力资本指数 HDIM。对每一个维度而言，针对每项指标均设定有最小值及最大值，遵循式（3.3）、式（3.4）计算得出两维度的分项指数与 HDIM 值。

$$HX_{ij} = (X_{ij} - X_i^*)/(X_i^{**} - X_i^*) \qquad (3.3)$$

$$HDI_j = 1/3 \sum_{i=1}^{3} HX_{ij} \qquad (3.4)$$

其中，HX_{ij} 和 HDI_j 分别为第 j 省第 i 维度指数和第 j 省人力资本发展指数；X_{ij} 为第 j 省第 i 维度的实际数值；X_i^*、X_i^{**} 分别为第 i 维度最小设定值与最大设定值。HDI 数值越大，人力资本发展水平越高。

二、中国省域人力资本发展水平的测算

本节采用中国 1990～2010 年 30 个省区市的省际面板数据（数据未包括西藏与港澳台）进行实证分析，数据来自历年《中国统计年鉴》《中国人口与就业统计年鉴》《中国人口统计年鉴》和《新中国六十年统计资料汇编》。

图 3.27 报告了全国、东部省份、中部省份和西部省份的人力资本发展指数的平均值水平。全国省份人力资本发展指数的平均值在 1990～2010 年间呈现出波动上升趋势，但其增长幅度较小，且在 1998～2002 年间有陡然的下降，这主要是在 1998 年国际金融危机之后，全球经济发展速度放慢，导致中

国的国际贸易形势较为严峻，中国经历了较长一段时间的通货紧缩，经济发
展速度开始放慢；另外国有企业改革对中国医疗体制也产生了新的冲击，国
有企业对职工医疗保障的贡献开始大幅度下降，居民接受医疗服务的机会和
质量也大幅度下降。

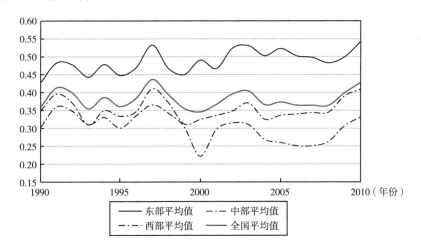

图 3.27　中国区域人力资本发展水平变化（1990～2010 年）

资料来源：笔者根据《中国统计年鉴》《中国教育统计年鉴》和《中国卫生统计年鉴》（历年）
的数据进行计算得到。

对于分地区的人力资本发展水平，东部地区的人力资本发展指数显著高
于中西部地区，并且在报告期内东部地区的人力资本发展指数增长速度较快，
从而导致东部地区与中西部地区的差距不断拉大；中西部地区的人力资本发
展水平在 1990 年基本相等，但是由于中部地区人力资本发展速度的加快，
2000 年后，中西部地区的差距不断拉大，到 2010 年中部地区的人力资本发
展指数为 0.41，是西部地区的 1.23 倍。1990～2010 年，中国区域人力资本
发展水平的差距不断拉大，其主要原因在于改革开放以来，中国经济发展呈
现出显著的东中西阶梯式发展，区域经济发展水平差距不断拉大。

上述对分地区人力资本发展水平的描述并不能准确描述省际的情况，
表 3.8 表述了分时间段的中国各省区市人力资本发展水平的排名情况。从
1990～2010 年的平均水平来看，上海、北京、天津、江苏和湖南分别位于人
力资本发展的前五名，而排名后五位的省份分别是海南、安徽、青海、甘肃
和宁夏，其中前五位中除了湖南之外其他省份均属于东部地区，而后五位中
除了海南之外其他均属于经济欠发达的中西部地区；在 1990～1995 年时段，

新疆进入了前五名，而吉林则落入了后五位；在 1996~2000 年时段，辽宁取代新疆成为人力资本发展水平的前五名，陕西落入了后五位；在 2001~2005 年时段，山东排进了前五位，重庆落入了后五名；在 2005~2010 年时段，前五名的省份与报告期内的平均水平排名一致，但是贵州的排名则跌入了后五名。由此可见，中国省域间人力资本发展水平存在较大的差异性，而且人力资本发展水平的省际排名存在着一定的流动性。

表 3.8　　　　　中国 30 个省区市代表性年份的 HDI 指数描述

排名	1990~1995 年	1996~2000 年	2001~2005 年	2005~2010 年	1990~2010 年
1	上海（0.84）	上海（0.90）	上海（0.93）	上海（0.88）	上海（0.89）
2	北京（0.66）	北京（0.63）	北京（0.64）	天津（0.66）	北京（0.63）
3	天津（0.53）	天津（0.61）	天津（0.62）	江苏（0.62）	天津（0.60）
4	新疆（0.46）	江苏（0.48）	江苏（0.54）	北京（0.57）	江苏（0.51）
5	湖南（0.42）	辽宁（0.43）	山东（0.44）	湖南（0.46）	湖南（0.43）
6	江苏（0.41）	湖南（0.43）	辽宁（0.43）	河北（0.44）	辽宁（0.42）
7	湖北（0.41）	浙江（0.42）	浙江（0.43）	山东（0.44）	浙江（0.41）
8	山西（0.40）	新疆（0.40）	湖南（0.43）	辽宁（0.42）	山东（0.40）
9	内蒙古（0.39）	湖北（0.40）	河北（0.42）	湖北（0.41）	河北（0.40）
10	浙江（0.38）	云南（0.39）	河南（0.38）	浙江（0.39）	湖北（0.39）
11	江西（0.38）	重庆（0.39）	山西（0.38）	河南（0.39）	山西（0.38）
12	辽宁（0.38）	河北（0.38）	陕西（0.35）	福建（0.37）	内蒙古（0.36）
13	四川（0.37）	四川（0.38）	湖北（0.35）	陕西（0.37）	四川（0.36）
14	广东（0.37）	江西（0.38）	吉林（0.35）	山西（0.36）	新疆（0.36）
15	山东（0.37）	山西（0.36）	内蒙古（0.34）	内蒙古（0.36）	江西（0.36）
16	云南（0.36）	内蒙古（0.35）	广西（0.34）	四川（0.35）	河南（0.36）
17	贵州（0.35）	山东（0.35）	海南（0.33）	安徽（0.34）	云南（0.33）
18	河北（0.35）	贵州（0.35）	四川（0.33）	江西（0.33）	吉林（0.33）
19	黑龙江（0.35）	吉林（0.34）	黑龙江（0.33）	海南（0.33）	福建（0.33）
20	重庆（0.34）	广西（0.34）	江西（0.33）	黑龙江（0.32）	重庆（0.33）
21	广西（0.34）	福建（0.34）	福建（0.32）	吉林（0.32）	黑龙江（0.33）
22	陕西（0.33）	河南（0.33）	云南（0.31）	广东（0.30）	广西（0.33）
23	河南（0.32）	广东（0.32）	贵州（0.31）	重庆（0.30）	广东（0.33）

续表

排名	1990~1995 年	1996~2000 年	2001~2005 年	2005~2010 年	1990~2010 年
24	青海（0.31）	安徽（0.31）	广东（0.30）	甘肃（0.30）	贵州（0.32）
25	吉林（0.31）	黑龙江（0.31）	新疆（0.30）	广西（0.29）	陕西（0.32）
26	海南（0.30）	海南（0.29）	甘肃（0.29）	青海（0.28）	海南（0.31）
27	福建（0.29）	甘肃（0.26）	重庆（0.28）	贵州（0.27）	安徽（0.28）
28	安徽（0.25）	青海（0.25）	青海（0.26）	云南（0.25）	青海（0.28）
29	甘肃（0.21）	陕西（0.21）	安徽（0.24）	新疆（0.25）	甘肃（0.26）
30	宁夏（0.17）	宁夏（0.17）	宁夏（0.15）	宁夏（0.16）	宁夏（0.16）

资料来源：经笔者计算得到。

第五节　中国省域人力资本发展水平的差异性分析

一、中国省域人力资本发展差异性现状

对于中国省域人力资本发展的差异性，本节采用各省区市人力资本发展水平的标准离差率，即标准差与平均值的比值来描述。

图 3.28 报告了全国层面、东部地区、中部地区和西部地区的人力资本发展指标的标准离差率演化趋势。全国层面的标准离差率在报告期内并没有显著的降低，其呈现出波动性变化趋势，说明各省域间人力资本发展水平的差异不存在显著的收敛趋势；东部地区的标准离差率显著高于中西部地区，说明东部地区内人力资本发展的差异性明显大于中西部地区，而且在报告期内没有收敛的迹象；中部地区的标准离差率是三个地区中最低的，且从 1990 年的 0.2433 下降到 2010 年的 0.1395，表明中部地区的人力资本发展水平存在微弱的"俱乐部收敛"现象；西部地区的标准离差率在 1990~2000 年之间有一定的下降，而 2006 年之后其标准离差率则显著提高，表明西部地区各省份的人力资本发展水平在 2000 年之后存在着发散趋势。

综上，中国省际人力资本发展水平存在显著的差异性，而且在报告期内其差距不存在显著的下降趋势，东部地区和西部地区也不存在"俱乐部收敛"现象，但是差距最小的中部地区，其人力资本发展水平则存在着微弱的

"俱乐部收敛"趋势。

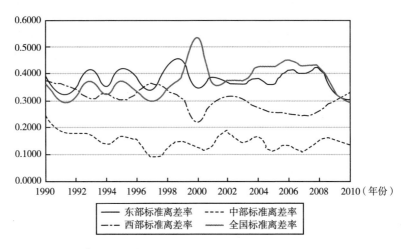

图 3.28　中国人力资本发展区域差异性（1990～2010 年）

资料来源：经笔者计算得到。

二、差异性分解研究方法

对于省域人力资本发展的区域差异性，本节采用霍尔和琼斯（Hall and Jones，1999）提出的方法，按照人力资本发展指数的构成，将总差距分解为各构成部分的差异。

$$
\mathrm{Var(\,HDI_{ij}\,)} = \underbrace{\mathrm{Cov(\,HDI_{ij},w_1 \times GDP_{ij}\,)}}_{\text{经济发展部分}} + \underbrace{\mathrm{Cov(\,HDI_{ij},w_2 \times EDU_{ij}\,)}}_{\text{教育部分}} \\
+ \underbrace{\mathrm{Cov(\,HDI_{ij},w_3 \times LE_{ij}\,)}}_{\text{健康部分}} \tag{3.5}
$$

为便于分析，式（3.5）可进一步标准化，将各个组成部分转化成经济发展对总差距的贡献、教育对总差距的贡献和健康对总差距的贡献。

$$
\mathrm{Var(\,HDI_{ij}\,)} = \underbrace{\frac{\mathrm{Cov(\,HDI_{ij},w_1 \times GDP_{ij}\,)}}{\mathrm{Var(\,HDI_{ij}\,)}}}_{\text{经济发展贡献}} + \underbrace{\frac{\mathrm{Cov(\,HDI_{ij},w_2 \times EDU_{ij}\,)}}{\mathrm{Var(\,HDI_{ij}\,)}}}_{\text{教育贡献}} \\
+ \underbrace{\frac{\mathrm{Cov(\,HDI_{ij},w_3 \times LE_{ij}\,)}}{\mathrm{Var(\,HDI_{ij}\,)}}}_{\text{健康贡献}} \tag{3.6}
$$

三、中国省域人力资本发展水平差异性分解

采用本节所列示的方法，本节对中国省域人力资本发展指数进行实证分析。

表3.9报告了全国层面省域人力资本发展水平的分解结果：从1990～2010年的平均水平来看，经济发展对人力资本发展指数差异性的贡献率为53.08%，教育对其的贡献率为48.43%，而健康的贡献率则为 - 1.51%，由此可见，导致中国省域人力资本发展差异性的主要原因在于经济增长和教育的省际差异，而健康水平在省际的分布相对公平；从时间序列来看，经济增长对全国层面人力资本发展水平的差异性在2004年之后有一定的提高，而教育的贡献则呈现出波动下降趋势，这在一定程度上表明中国实行义务教育客观促进了各地区居民接受教育服务的机会和质量上的公平性，健康对人力资本发展省际差异性的贡献有逐年增加的趋势，说明中国医疗资源的分配有趋向不公平的迹象。

表3.9	全国层面省域人力资本发展水平差异性分解		单位:%
年份	经济发展贡献	教育贡献	健康贡献	合计
1990	52.37	53.88	- 6.24	100.00
1991	55.36	50.61	- 5.98	100.00
1992	54.91	50.43	- 5.34	100.00
1993	54.28	51.05	- 5.33	100.00
1994	54.80	50.25	- 5.05	100.00
1995	51.90	52.01	- 3.91	100.00
1996	53.98	48.22	- 2.20	100.00
1997	55.29	46.67	- 1.96	100.00
1998	54.00	47.43	- 1.42	100.00
1999	50.54	49.26	0.20	100.00
2000	52.21	48.30	- 0.50	100.00
2001	53.82	45.40	0.78	100.00
2002	51.94	46.98	1.08	100.00
2003	52.79	45.56	1.65	100.00
2004	49.58	48.42	2.00	100.00

年份	经济发展贡献	教育贡献	健康贡献	合计
2005	50.57	47.23	2.20	100.00
2006	50.42	47.17	2.41	100.00
2007	51.02	47.08	1.90	100.00
2008	51.44	47.98	0.59	100.00
2009	54.53	47.73	-2.27	100.00
2010	58.99	45.27	-4.26	100.00
平均值	53.08	48.43	-1.5	100.00

资料来源：经笔者计算得到。

对于东部地区省域人力资本发展的区域差异性，从表3.10可以看出：就平均值而言，1990~2010年时段经济发展对人力资本发展省域差异性的贡献率为51.15%，教育的贡献率为44.18%，而健康导致差异性提高了4.67个百分点；从时间趋势来看，经济增长的贡献在2000年之后逐年下降，但在2009年和2010年其贡献则有抬头的迹象，这与东部地区经济发展的"俱乐部收敛"是相符合的（吴军，2009），教育的贡献在报告期内并没有显著的变化，而健康的贡献则有一定程度的提高。

表3.10　　　　东部地区省域人力资本发展水平差异性分解　　　单位:%

年份	经济发展贡献	教育贡献	健康贡献	合计
1990	56.91	45.94	-2.85	100.00
1991	62.38	39.07	-1.45	100.00
1992	58.18	40.84	0.98	100.00
1993	52.99	45.05	1.95	100.00
1994	53.74	43.00	3.26	100.00
1995	48.51	46.93	4.55	100.00
1996	49.40	44.77	5.82	100.00
1997	53.81	39.90	6.28	100.00
1998	50.11	43.63	6.26	100.00
1999	47.70	46.54	5.77	100.00
2000	51.16	42.84	5.99	100.00
2001	50.77	42.01	7.22	100.00
2002	50.66	41.62	7.72	100.00

续表

年份	经济发展贡献	教育贡献	健康贡献	合计
2003	48.70	42.98	8.32	100.00
2004	44.90	48.08	7.02	100.00
2005	48.18	44.27	7.55	100.00
2006	47.16	45.52	7.32	100.00
2007	47.01	45.77	7.22	100.00
2008	46.88	46.59	6.53	100.00
2009	50.49	46.68	2.83	100.00
2010	54.45	45.76	− 0.22	100.00
平均值	51.15	44.18	4.67	100.00

资料来源：经笔者计算得到。

表 3.11 描述了中部地区省域人力资本发展差异性的构成。从 1990～2010 年的平均值来看，不同于全国层面和东部地区，中部省份人力资本发展的差异性主要来自教育水平的差距，而经济增长的贡献仅为 24.16%，健康的贡献为 − 10.96%。从时间趋势来看，经济发展的贡献在 1990～2010 年逐年增加；而教育的贡献则呈现出一个显著的"倒 U"型变化，1990～1998 年其贡献显著增加，而 1998 年之后则逐年下降，到 2010 年教育的贡献下降为 64.14%，从而说明中部地区的教育差异是导致其人力资本发展差异的关键因素。

表 3.11 　　　　　　中部地区省域人力资本发展水平差异性分解　　　　单位:%

年份	经济发展贡献	教育贡献	健康贡献	合计
1990	24.50	72.25	3.25	100.00
1991	29.02	70.24	0.75	100.00
1992	27.34	77.19	− 4.53	100.00
1993	23.66	89.62	− 13.28	100.00
1994	20.55	94.60	− 15.15	100.00
1995	19.98	109.39	− 29.37	100.00
1996	24.91	103.93	− 28.84	100.00
1997	26.63	96.80	− 23.43	100.00
1998	27.79	100.04	− 27.84	100.00
1999	18.57	99.56	− 18.13	100.00

年份	经济发展贡献	教育贡献	健康贡献	合计
2000	22.88	92.57	-15.44	100.00
2001	20.88	85.02	-5.90	100.00
2002	8.26	93.15	-1.41	100.00
2003	20.38	79.76	-0.14	100.00
2004	17.91	84.00	-1.90	100.00
2005	16.95	89.43	-6.38	100.00
2006	23.75	88.84	-12.59	100.00
2007	22.64	86.57	-9.21	100.00
2008	27.28	79.55	-6.83	100.00
2009	38.71	66.06	-4.77	100.00
2010	44.87	64.14	-9.01	100.00
平均值	24.16	86.80	-10.96	100.00

资料来源：经笔者计算得到。

对于西部地区，从表3.12中可以看出：以平均值来看，经济发展对西部地区省际人力资本发展差异性的贡献仅为16.35%，而教育和健康的贡献则分别为53.33%和30.32%，与中部地区类似，导致西部地区差异性的主要因素在于教育的省际差异，同时健康也是不可忽略的因素；经济发展的省际差别1990～2010年逐年增加，到2010年其贡献达到了27.35%，这与中国实施大规模的"西部大开发"战略密切相关，而由于各省区市资源条件的差异性，其经济发展的差距开始逐渐拉大；教育贡献呈现出微弱的上升趋势，说明教育的省际差距在西部地区并没有得到根本性的改善；健康对西部地区人力资本发展的省际差异的贡献从1990年的39.21%降低到2010年的27.60%，下降了11.61个百分点，其表明随着国家医疗体制的改革，医疗资源在西部地区的分配也逐步得以改善。

表3.12　　　　　　西部地区省域人力资本发展水平差异性分解　　　　单位：%

年份	经济发展贡献	教育贡献	健康贡献	合计
1990	13.82	46.97	39.21	100.00
1991	12.13	51.66	36.21	100.00
1992	14.42	51.45	34.13	100.00
1993	19.62	51.21	29.17	100.00

续表

年份	经济发展贡献	教育贡献	健康贡献	合计
1994	14.37	52.52	33.11	100.00
1995	14.48	51.50	34.02	100.00
1996	12.89	53.50	33.61	100.00
1997	13.19	52.75	34.06	100.00
1998	14.97	51.77	33.26	100.00
1999	14.28	50.85	34.87	100.00
2000	15.13	53.11	31.76	100.00
2001	10.91	56.92	32.18	100.00
2002	12.45	59.18	28.37	100.00
2003	11.79	59.52	28.68	100.00
2004	13.43	60.56	26.01	100.00
2005	19.01	58.00	22.99	100.00
2006	20.12	55.98	23.91	100.00
2007	21.14	54.25	24.62	100.00
2008	22.00	53.33	24.67	100.00
2009	25.67	49.98	24.35	100.00
2010	27.53	44.88	27.60	100.00
平均值	16.35	53.33	30.32	100.00

资料来源：经笔者计算得到。

第六节 中国省域人力资本发展水平的流动性分析

一、流动性

流动性是收入分配研究领域中的一个重要概念，是指某个特定收入的群体在经历一段时间的变化后，其所拥有的收入份额发生的变化。对流动性的研究能加深对收入流动性的认识，并且能为实际的政策研究提供分析依据。熊彼特（Schumpeter，1955）曾形象地将收入分配比作旅馆，不同等级的房间代表不同的收入水平，旅客按照其收入的高低来选择旅馆，在某一个给定的时间内，旅客居住不同房间所表现出来的差异性可被称为

"收入不平等"，但在一段时间之后，一部分原先居住在低等级房间的旅客会在高等级的房间居住，而一部分原先居住在高等级房间的旅客则会居住在低等级的房间，从而同一批旅客在不同等级房间之间的搬动可称为"收入流动性"。

收入流动性是基于收入分配来对居民的福利进行分析，而人力资本发展指数则是居民福利的综合性体现，其不仅包括收入，还包括教育和健康等，因此可用流动性来进一步分析中国人力资本发展的空间格局和时序变化。

二、研究方法

（一）转换矩阵

在早期的收入流动性研究中，哈特（Hart，1976）曾试图用相邻两期收入的皮尔森（Pearson）相关系数来测度收入流动性，然而真正的收入流动性测度则是由普拉斯（Prais，1955）从社会学研究中引入，并由阿特金森等（Atkinson et al.，1992）总结的一般意义上的转换矩阵，转换矩阵产生于对一阶马尔可夫过程随机性质的表述，而经济学家则将其用来分析不同阶层的收入流动性，见式（3.7）。

$$P(x,y) = [P_{ij}(x,y)] \in R \tag{3.7}$$

其中，$P_{ij}(x,y)$表示个体从 t 期的第 i 类收入水平转向第 t+1 期第 j 类收入水平的概率。转换矩阵的所有元素均为概率值，其取值介于 0~1 之间，并且其是一个双随机矩阵，每行或者每列的和均为 1；主对角线上元素越小，意味着上期处于某一等级收入水平的个体转换到另一等级收入水平的概率越高，收入流动性越大。

按照丰比等（Formby et al.，2004）总结的转换矩阵 $P_{ij}(x,y)$ 的计算方法，x，y 可以被平均分为 m 个收入等级（m 为收入水平从低到高排列的等级数，由研究者按照研究需要进行设定），即 $0 \leqslant \varepsilon_1 \leqslant \varepsilon_2 \leqslant \cdots \leqslant \varepsilon_{m-1} \leqslant +\infty$ 和 $0 \leqslant \lambda_1 \leqslant \lambda_2 \leqslant \cdots \leqslant \lambda_{m-1} \leqslant +\infty$（假设最低等级的值均为 0，最高等级的值为无穷大），那么转换矩阵 $P(x，y) = [P_{ij}(x，y)]$ 就变成了个体从收入向量 x 中的 i 等级转向收入向量 y 中的 j 等级的条件概率。而根据有限样本条件，其经验估计公式则为式（3.8）。

$$P_{ij} = \frac{1/n \sum_{t=1}^{n} R(\varepsilon_{t-1} \leqslant x_t \leqslant \varepsilon_t \text{ 和 } \lambda_{t-1} \leqslant y_t \leqslant \lambda_t)}{1/n \sum_{t=1}^{n} R(\varepsilon_{t-1} \leqslant x_t \leqslant \varepsilon_t)} \tag{3.8}$$

其中，P_{ij} 为个体从收入向量 x 中的 i 等级转变为收入向量 y 中的 j 等级的条件概率；R（·）为逻辑计算函数，当满足括号内的条件时，其取值为 1，否则为 0。

（二）人力资本发展流动性指标

流动性指标按照构成方式的不同可以分为相对流动性和绝对流动性，其中相对流动性是夏洛克斯（Shorrocks，1978）根据转换矩阵构建而得，绝对流动性指标则是由菲尔茨等（Fields et al.，1996）结合其提出的距离函数和转换矩阵提出的。本书采用绝对流动性来构造人力资本发展的流动性指标。

在绝对流动性指标构建中，菲尔茨等（Fields et al.，1996）认为只要组内成员偏离了初始水平就会产生流动性，因而流动性是一个绝对存在的概念，并且其提出了一个抽象的距离函数：

$$d_n(x,y): R_+^{2n} \rightarrow R_+ \tag{3.9}$$

其中，d_n 表示从人力资本发展格局中的 x 水平到 y 水平而产生的距离，n 为组内成员的数量，并且 d_n 满足以下公理。

（1）标准化，即在人力资本发展的变化中，个体从人力资本发展水平 1 转换到水平 0 的距离等于从水平 0 到 1 的距离，且该距离被标准化为 1。

（2）转换不变形，当两个人力资本发展分布中各水平分量都加上一个固定量时，距离是不变的。

（3）线性齐次性，当两个人力资本发展分布的各水平分量都扩大或者缩小若干倍时，其距离也将扩大或者缩小若干倍。

（4）强可分解性，对于一个包括 n 个个体的人力资本发展分布，它的距离函数等于只包含 n_1 和 n_2 两个人力资本发展分布的距离函数值之和。

（5）可分解性，即一个大距离等于若干个小距离之和，特定距离函数是满足加性可分解的。

（6）总体一致性，若两个距离函数相等，那么新加入距离函数的人力资本发展水平不影响二者的等价性。

（7）增长敏感性，即人力资本发展微小的不平衡性也会导致人力资本发展流动性发生显著变化。

（8）功利性，任何个体的人力资本发展水平发生变化对总流动性的贡献独立于该组内其他成员的人力资本发展流动性水平。

在上述公理化假设条件下，菲尔茨等（1996）构造如下距离函数：

$$d_n(x,y) = \left(\sum_{j=1}^{n} |x_j - y_j|^{\alpha} \right)^{1/\alpha} \quad x,y \in R_+^n \qquad (3.10)$$

$d_n(x,y)$是一个典型的欧式距离函数，当 $\alpha = 1$ 时，$d_n(x,y)$ 则转化成一个线性绝对距离函数。

基于式（3.10），本节建立如下人力资本发展流动性函数，并采用线性凹函数进行计算。

$$D_i(x,y) = \frac{1}{n} \sum_{i=1}^{n} (\log y_i - \log x_i) \qquad (3.11)$$

其中，x_i 表示 i 个体第 t 期的人力资本发展水平，y_i 表示 i 个体第 t + 1 期的人力资本发展水平，当 $D_i(x,y) > 0$ 时，表示向上流动，当 $D_i(x,y) \leq 0$ 时，表示向下流动。

三、中国省域人力资本发展流动性

本节首先采用中国省域人力资本发展水平的年际 pearson 相关系数对中国省际人力资本发展流动性进行简单的描述。从图 3.29 中可以看出，中国省域人力资本发展的年际 pearson 相关系数在 1990～1991 年和 2005～2006 年之间有明显的上升趋势，而 2005 年之后，其相关关系数则有显著的下降，其较为直观地表明中国省域人力资本发展的流动性在 1990～2005 年之间有一定的上升，而 2005 年之后则存在一定的下降。

表 3.13 报告了全国层面、东部地区、中部西区和西部地区人力资本发展的流动性情况。从中可以看出：报告期内，全国层面的人力资本发展流动性指标平均值为 0.02875，东部地区的人力资本发展流动性指标平均值为 0.02399，中部地区的人力资本发展流动性指标平均值为 0.03021，西部地区的人力资本发展流动性指标平均值为 0.03231，东部地区的人力资本发展流动性水平最低，西部地区的人力资本发展流动性水平最高；从时序上来看，无论是全国层面还是分地区层面，人力资本发展流动性均呈现出不同程度的

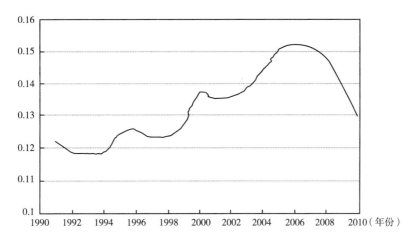

图 3.29　中国省域人力资本发展水平年际相关系数（1990～2010 年）

资料来源：经笔者计算得到。

波动下降趋势，从而说明中国省际人力资本发展的流动性正在逐渐减弱，省际差异性有进一步固化的迹象。

表 3.13　　　　　　相邻一年的中国省域人力资本发展流动性

时间段	全国	东部地区	中部地区	西部地区
1990～1991 年	0.06363	0.04211	0.06730	0.08215
1991～1992 年	0.01326	0.01048	0.01642	0.01345
1992～1993 年	0.04319	0.03299	0.05594	0.04294
1993～1994 年	0.02608	0.02284	0.02501	0.03020
1994～1995 年	0.03512	0.03308	0.04024	0.03299
1995～1996 年	0.02400	0.02216	0.01948	0.02954
1996～1997 年	0.04558	0.04951	0.04881	0.03901
1997～1998 年	0.01479	0.01892	0.00991	0.01464
1998～1999 年	0.04670	0.03280	0.05502	0.05379
1999～2000 年	0.03045	0.03558	0.02646	0.02859
2000～2001 年	0.01555	0.01266	0.01200	0.02134
2001～2002 年	0.02050	0.02185	0.02850	0.01260
2002～2003 年	0.03614	0.02913	0.04196	0.03840
2003～2004 年	0.04291	0.02574	0.04250	0.06043
2004～2005 年	0.01939	0.01717	0.01609	0.02432

续表

时间段	全国	东部地区	中部地区	西部地区
2005～2006 年	0.01664	0.00731	0.01587	0.02661
2006～2007 年	0.01250	0.01074	0.01022	0.01611
2007～2008 年	0.02097	0.01385	0.02321	0.02627
2008～2009 年	0.02181	0.01815	0.02033	0.02668
2009～2010 年	0.02572	0.02274	0.02885	0.02613
平均值	0.02875	0.02399	0.03021	0.03231

资料来源：经笔者计算得到。

从理论上来讲，相距的时间间隔越长，人力资本发展的流动性越强，那么是否间隔时间更长的人力资本发展流动性指标更大呢？表 3.14 报告了全国层面、东部地区、中部地区和西部地区相邻五年的人力资本发展流动性，从中可以发现随着时间间隔的增长，各个层面的人力资本发展流动性指标均大幅度增加，并且从时序上来看，全国层面、东部地区、中部地区和西部地区的人力资本发展流动性呈现出显著的差异性，较之 1990～1995 年时段的水平，全国层面上 2006～2010 年时段的人力资本发展流动性下降了 46.17%，东部地区、中部地区和西部地区分别下降了 48.55%、51.93% 和 39.61%。人力资本发展之相邻五年的流动性指标更为直观地反映了中国省际人力资本发展流动性的减弱，而差异性进一步固化的现象。

表 3.14　　　　　**相邻五年的中国省际人力资本发展流动性**

时间段	全国	东部地区	中部地区	西部地区
1990～1995 年	0.1813	0.1415	0.2049	0.2017
1996～2000 年	0.1615	0.1590	0.1597	0.1656
2001～2005 年	0.1345	0.1065	0.1410	0.1571
2006～2010 年	0.0976	0.0728	0.0985	0.1218

资料来源：经笔者计算得到。

第七节　本章小结

本章从教育、健康和经济发展等角度，运用多种指标对中国 1990～2018

年的人力资本发展情况进行详细分析，从中发现中国的教育、健康和经济等在过去 40 年内有长足的发展，但是区域间和区域内发展差异性并没有得到有效的改善；基于 UNDP（1990，2010，2018）提出的人力资本发展指标，本书通过对中国人力资本发展水平进行测度发现中国人力资本发展水平总体上有所改善，但是东中西部之间的差距正在不断拉大；采用霍尔和琼斯（Hall and Jones，1999）提出的方差分解分析方法，本章对中国省际人力资本发展的差异性进行分解，研究发现全国层面和东部地区的差异性主要来自经济发展和教育的省际差距，而中部地区则主要来自教育水平的省际差距，西部地区的差异性则更多归结于健康和教育的省际差距；借鉴菲尔茨等（1996）提出的收入流动性指标，本章构建了中国省域人力资本发展的流动性指数，并对中国的省际面板数据进行实证分析，发现全国层面、东部地区、中部地区和西部地区的人力资本发展流动性指标在报告期内均有明显的下降趋势，这表明中国省际人力资本发展流动性正在逐步减弱，省际差异性有进一步固化的迹象。

第四章　中国环境质量发展水平分析

中国经济的快速增长对资源环境造成了较大影响，大量文献表明中国现在仍然处于环境库兹涅茨曲线的左半段，即随着经济的增长，环境污染有进一步恶化的趋势。然而，随着环境质量的下降，环境问题逐渐成为制约中国经济发展的瓶颈，同时，随着居民收入水平的提高，也使得环境问题日渐成为居民生活中最为关注对象之一，从而使得环境质量不再仅仅是发展中的一种资源（D'Arge，1972），还成为社会需求日益增长的高质量商品（Magnani，2000）。因此，本书遵从中国经济发展的轨迹，从大气污染、水污染、固体废弃物污染和能源消费四个方面来对中国环境质量的变化进行分析。

第一节　大气污染

一、大气污染水平

在中国当前的发展阶段，大气污染物主要源于工业化发展，因此本书分别从工业二氧化硫排放量、工业烟尘排放量和工业粉尘排放量进行分析。

（一）污染物的排放

图 4.1a 和图 4.1b 报告了中国 1996～2017 年工业二氧化硫排放量、工业烟尘排放量和工业粉尘排放量的变化趋势。

对于工业二氧化硫排放量，1996～2002 年间，其总排放量并没有明显的变化，徘徊在 1 500 万吨左右；而 2002～2006 年间，工业二氧化硫的排放量则出现了明显的上升趋势，从 2002 年的 1 561 万吨快速增长到 2006 年的 2 234.8 万吨，增长了 43.06%；2006 年后，工业二氧化硫排放量则开始逐渐

下降，到 2010 年其排放量降低至 1 864.42 万吨，如图 4.1a 所示。工业二氧
化硫排放量在 2002～2006 年的快速增长主要源于 2000 年中国开始实行大规
模的宏观经济战略，例如："西部大开发"战略和"中部崛起"战略，从而
导致这一时间内经济的快速增长，而环境质量又没有受到应有的重视，到
2006 年，随着"区域限批""流域限批"等政策的推行，重化工业等产业受
到一定限制，环境质量得到一定程度的改善。

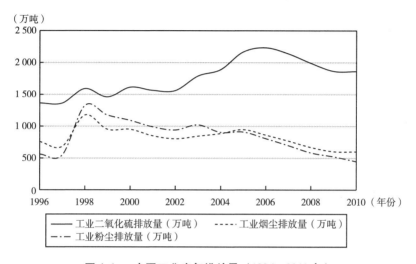

图 4.1a　中国工业废气排放量（1996～2010 年）

资料来源：《中国环境统计年鉴》（历年）。

　　从图 4.1a 可知，对于工业烟尘排放量和工业粉尘排放量，1996～1998
年间，两者的总排放量陡然提高，1998 年之后，其排放量则逐步下降，在报
告期内呈现出一定的"倒 U"型变化。从污染物来源来看，工业烟尘主要来
自燃料燃烧产生烟气中的颗粒物，其主要来源于化工及金属冶炼行业和水热
电供应业等；而工业粉尘则主要来自固体物料的机械粉碎和研磨、粉状物料
混合和筛选以及物料的燃烧等，其主要来源于煤炭、水泥等的生产和加工。
因此，工业烟尘和工业粉尘的排放最终源于资源的不合理使用。1998 年之
后，工业烟尘和工业粉尘排放量呈现出逐步降低的趋势，其主要来源于行业
技术的革新以及行业环境标准的提高。

　　自 2010 年后，相关统计年鉴对所披露的数据指标进行了调整，于 2011
年起，未再单独披露工业烟尘排放量与工业粉尘排放量，而是将两者合并为
工业烟（粉）尘排放量，以此进行合并披露。图 4.1b 对我国 2011～2017 年

（2018 年相关数据暂未能获取）间工业废气排放量进行了描述。近年来，随着人们环境保护意识的加强，政府也将生态文明建设提升到前所未有的高度，党的十九大将污染防治列为三大攻坚战之一，并明确提出 2018 年二氧化硫、氮氧化物排放量要下降 3% 的目标。2011～2018 年间，工业二氧化硫排放量呈现出逐步下降趋势，工业烟（粉）尘排放量在前期呈现出小幅上升后，随后便呈现出明显的下降趋势，就总体而言，自 2014 年开始，工业废气排放量呈现出大幅的下降。截至 2017 年，工业二氧化硫排放量为 583 万吨，较之2000 年，下降了 63.91%；工业烟（粉）尘排放量为 571 万吨，较之 2000年，下降了 72.08%。由此可见，经过数年的投入与治理，我国的环保工作已取得了实质性的进展。

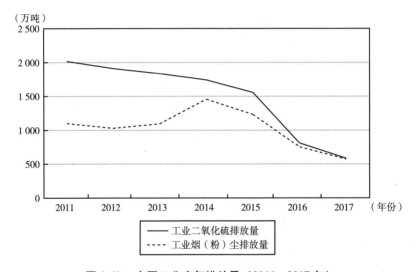

图 4.1b　中国工业废气排放量（2011～2017 年）

资料来源：《中国环境统计年鉴》（历年）。

（二）污染物的治理

图 4.2 报告了中国工业废气排放的治理与投入情况，从中可以发现：工业二氧化硫排放达标率、工业烟尘排放达标率和工业粉尘排放达标率在报告期内均明显改善，其中工业二氧化硫排放达标率从 2001 年的 61.3% 提升到2010 年的 97.9%，而工业烟尘排放达标率则从 2001 年的 67.3% 提高到 2010年的 90.6%，工业粉尘排放达标率从 2001 年的 50.2% 增长到 2010 年的91.4%（由于数据来源的限制，自 2010 年后，相关统计年鉴未再披露工业二

氧化硫排放达标率、工业烟尘排放达标率和工业粉尘排放达标率）。同时，工业污染物排放的降低与工业污染治理支出是密切相关的，由图4.2可以看出，2000年，中国工业行业废气排放治理设施的运行费用为97.3亿元，而2015年则增长到1 866.0亿元，15年间增加了近19倍，年均增长率达22.07%，远高于中国工业增加值的增长速度，这从一个侧面表明中国政府对污染治理与环境保护的投入力度与决心。

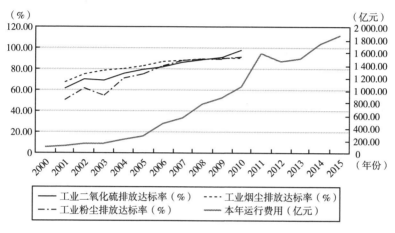

图4.2　中国工业废气排放的治理情况（2000～2015年）

资料来源：《中国环境统计年鉴》（历年）。

二、大气污染的地区差异性

（一）区域差异性

对于大气污染的区域差异性，本书采用不同区域的污染物排放强度①的差距进行描述。

对于工业二氧化硫排放强度，图4.3a描述了1996～2015年（分地区的工业二氧化硫排放量仅能获取截止至2015年的相关数据）全国层面、东部地区、中部地区和西部地区的工业二氧化硫排放强度数据。从中可以发现：全国层面和东、中、西部地区的工业二氧化硫排放强度在1996～2015年间具有明显的下降趋势，这主要归功于中国区域产业技术升级和环境污染监管力度

---

① 污染物排放强度 = 污染物排放量/地区生产总值（1990年为基期）。

的加强；西部地区的工业二氧化硫排放强度最高，中部次之，东部最低，且报告期内，东、中、西部地区之间的工业二氧化硫排放强度差距不断缩减，中、西部地区的差距从 1996 年的 0.0383 万吨/亿元降低到 2015 年的 0.0083 万吨/亿元，而东、中部地区之间的差距则从 1996 年 0.0150 万吨/亿元降低到 2015 年的 0.048 万吨/亿元。

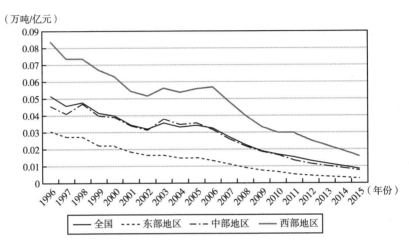

图 4.3a 中国区域工业二氧化硫排放强度（1996～2015 年）

资料来源：笔者根据《中国能源统计年鉴》（历年）进行计算得到。

对于工业烟尘排放强度和工业粉尘排放强度，从图 4.3b 和图 4.3c 可以发现：1996～1998 年间，全国层面和东、中、西部地区层面的工业烟尘排放强度和工业粉尘排放强度有明显的上升趋势，1998 年后则快速下降，到 2010 年全国层面和东、中、西部地区层面工业烟尘排放强度分别为 0.0058 万吨/亿元、0.0019 万吨/亿元、0.0067 万吨/亿元和 0.0095 万吨/亿元，较之 1996 年分别下降 19.6%、13.6%、20.0% 和 21.7%；到 2010 年，全国层面和东、中、西部地区层面工业粉尘排放量分别下降到 0.0046 万吨/亿元、0.0013 万吨/亿元、0.0050 万吨/亿元和 0.0080 万吨/亿元，较之 1996 年分别下降 22.82%、11.28%、23.43% 和 28.12%；西部地区的工业烟尘排放强度和工业粉尘排放强度显著高于东、中部地区，但区域间的差距在 1996～2010 年间逐步缩减，至 2010 年，中、西部地区和东、中部地区的工业烟尘排放强度差距分别下降了 0.0142 万吨/亿元和 0.0076 万吨/亿元，相对于 1996 年的水平下降幅度分别为 73.06% 和 75.04%；至 2010 年，中、西部地区和东、中部地区的工业粉尘排放强度差距分别下降了 0.0059 万吨/亿元和 0.0043 万吨/

亿元,相对于1996年的水平降幅分别为61.61%和58.24%(由于统计口径的变更,2010年后,相关统计年鉴未再单独披露工业烟尘排放量与工业粉尘排放量的相关数据)。

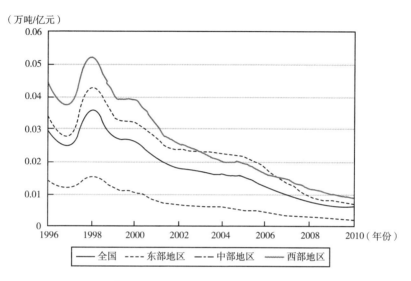

图4.3b 中国区域工业烟尘排放强度(1996~2010年)

资料来源:笔者根据《中国统计年鉴》(历年)进行计算得到。

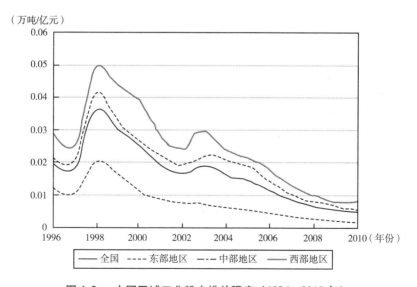

图4.3c 中国区域工业粉尘排放强度(1996~2010年)

资料来源:笔者根据《中国统计年鉴》(历年)进行计算得到。

（二）省域污染物排放强度排名

本节以中国工业二氧化硫排放强度①为例，表 4.1 对中国省际污染物排放强度进行排名，从中可以看出：以 1996～2010 年平均值以及 1996～2015 年平均值来看，排名②前五名的省份相对稳定，分别是海南、北京、福建、广东和上海，所有的省份均为东部沿海省份，而排名后五的省份也相对稳定，分别为宁夏、贵州、山西、内蒙古和重庆，所有的省份均为中、西部地区省份；从排名前五位的变动情况来看，1996～2015 年间，以青海、黑龙江等为代表的中、西部省份逐渐退出了排名的前五位，而天津、北京等东部沿海省份则逐渐进入到排名前五位的行列；从排名后五位的变动来看，在 1996～1998 年间，宁夏、贵州、山西、内蒙古和陕西分别位于后五位，并且除陕西外，其余省份在报告期间的位置排名均未发生明显变化。从省际差距来看，在 1996～1998 年间，排名前五位的省份的平均值比排名后五位的省份的平均值低 0.1066 万吨/亿元，而到 2011～2015 年间，其差距缩减为 0.0301 万吨/亿元，相对于 1996～1998 年的水平降低了 71.79%，表明省际的差距正在逐渐降低。

综上，从主要工业污染物排放水平来看，1996～2010 年间，各类污染物的排放总量均有所增加，这与中国当前处于经济增长与环境污染的环境库兹涅茨曲线的左半段是相符合的；而 2010 年后，尤其是 2015 年后，污染物的排放呈现出下降趋势。从污染物排放强度来看，在报告期内各类污染物的排放强度均呈现出下降趋势，这主要归功于经济发展带来的产业技术升级和中国环境监管力度的加强；从污染物排放强度的区域差距来看，区域间和区域内省际的污染物排放强度仍存在较大的差距，但报告期内其差距呈现出明显的缩减趋势，这主要源于中国经济的不平衡发展，但随着产业转移带来的产业技术梯度转移，其降低了区域间和省际污染物排放强度差距。

---

① 工业烟尘排放强度的省际排名和工业粉尘排放强度的省际排名与工业二氧化硫排放强度的省际排名基本类似。

② 排名从低到高进行，值越小表明污染物排放强度越低。

表4.1　我国30省工业二氧化硫排放强度排名（1996～2015年）

排名	1996~1998年	1999~2001年	2002~2004年	2005~2007年	2008~2010年	2011~2015年	1996~2010年	1996~2015年
1	琼（0.0087）	琼（0.0071）	琼（0.0058）	京（0.0036）	京（0.0016）	京（0.0009）	琼（0.0058）	琼（0.0050）
2	闽（0.0101）	闽（0.0102）	京（0.0065）	琼（0.0044）	琼（0.0031）	沪（0.0018）	京（0.0086）	京（0.0066）
3	粤（0.0135）	京（0.0108）	闽（0.0103）	沪（0.0085）	沪（0.0042）	琼（0.0024）	闽（0.0101）	闽（0.0085）
4	青（0.0188）	沪（0.0139）	沪（0.0107）	粤（0.0110）	津（0.0066）	粤（0.0027）	粤（0.0120）	粤（0.0097）
5	黑（0.0203）	青（0.0146）	黑（0.0138）	津（0.0120）	粤（0.0066）	津（0.0037）	沪（0.0124）	沪（0.0098）
6	京（0.0204）	粤（0.0152）	粤（0.0138）	闽（0.0123）	苏（0.0070）	苏（0.0038）	黑（0.0155）	浙（0.0128）
7	浙（0.0214）	黑（0.0153）	吉（0.0143）	苏（0.0123）	闽（0.0076）	闽（0.0038）	徽（0.0157）	黑（0.0131）
8	徽（0.0220）	徽（0.0177）	徽（0.0152）	浙（0.0133）	浙（0.0080）	浙（0.0039）	浙（0.0158）	徽（0.0132）
9	渝（0.0239）	吉（0.0194）	津（0.0165）	徽（0.0142）	鄂（0.0086）	鄂（0.0054）	吉（0.0170）	苏（0.0142）
10	沪（0.0247）	浙（0.0197）	浙（0.0165）	鄂（0.0148）	徽（0.0093）	徽（0.0057）	鄂（0.0174）	津（0.0143）
11	吉（0.0249）	赣（0.0216）	苏（0.0169）	吉（0.0165）	吉（0.0101）	黑（0.0060）	苏（0.0177）	鄂（0.0144）
12	赣（0.0254）	鄂（0.0217）	鄂（0.0178）	黑（0.0166）	鲁（0.0107）	鲁（0.0060）	津（0.0179）	吉（0.0145）
13	苏（0.0305）	苏（0.0219）	辽（0.0208）	鲁（0.0182）	黑（0.0116）	吉（0.0069）	赣（0.0215）	赣（0.0189）
14	津（0.0322）	津（0.0221）	赣（0.0221）	湘（0.0226）	湘（0.0132）	湘（0.0070）	青（0.0258）	湘（0.0219）
15	豫（0.0324）	豫（0.0282）	青（0.0221）	辽（0.0237）	赣（0.0145）	川（0.0071）	豫（0.0266）	鲁（0.0220）

续表

排名	1996~1998年	1999~2001年	2002~2004年	2005~2007年	2008~2010年	2011~2015年	1996~2010年	1996~2015年
16	滇 (0.0356)	滇 (0.0303)	鲁 (0.0246)	赣 (0.0238)	辽 (0.0147)	桂 (0.0075)	湘 (0.0269)	豫 (0.0223)
17	新 (0.0358)	辽 (0.0308)	豫 (0.0270)	冀 (0.0260)	冀 (0.0155)	辽 (0.0087)	辽 (0.0273)	辽 (0.0226)
18	湘 (0.0381)	新 (0.0314)	湘 (0.0273)	滇 (0.0265)	川 (0.0161)	豫 (0.0094)	鲁 (0.0274)	青 (0.0240)
19	辽 (0.0462)	鲁 (0.0335)	滇 (0.0285)	川 (0.0271)	豫 (0.0167)	冀 (0.0098)	滇 (0.0278)	滇 (0.0244)
20	川 (0.0470)	湘 (0.0335)	新 (0.0303)	豫 (0.0287)	滇 (0.0183)	渝 (0.0102)	川 (0.0330)	川 (0.0265)
21	鲁 (0.0500)	川 (0.0386)	冀 (0.0330)	新 (0.0380)	桂 (0.0252)	赣 (0.0113)	新 (0.0341)	冀 (0.0282)
22	冀 (0.0541)	冀 (0.0428)	川 (0.0361)	桂 (0.0414)	渝 (0.0276)	陕 (0.0141)	冀 (0.0343)	新 (0.0328)
23	桂 (0.0574)	甘 (0.0514)	桂 (0.0489)	青 (0.0423)	陕 (0.0294)	滇 (0.0143)	桂 (0.0456)	桂 (0.0361)
24	渝 (0.0746)	桂 (0.0550)	陕 (0.0542)	甘 (0.0458)	甘 (0.0297)	青 (0.0183)	甘 (0.0520)	甘 (0.0440)
25	甘 (0.0777)	陕 (0.0637)	甘 (0.0554)	渝 (0.0484)	青 (0.0314)	甘 (0.0201)	陕 (0.0562)	陕 (0.0457)
26	陕 (0.0847)	蒙 (0.0702)	渝 (0.0592)	陕 (0.0492)	新 (0.0351)	蒙 (0.0202)	渝 (0.0597)	渝 (0.0473)
27	蒙 (0.0983)	渝 (0.0887)	晋 (0.0745)	晋 (0.0594)	晋 (0.0401)	晋 (0.0240)	蒙 (0.0737)	蒙 (0.0603)
28	晋 (0.1023)	晋 (0.0930)	黔 (0.0803)	蒙 (0.0732)	蒙 (0.0413)	新 (0.0287)	晋 (0.0738)	晋 (0.0614)
29	黔 (0.1562)	黔 (0.1146)	蒙 (0.0855)	黔 (0.0848)	黔 (0.0464)	黔 (0.0305)	黔 (0.0965)	黔 (0.0800)
30	宁 (0.1627)	宁 (0.1197)	宁 (0.1188)	宁 (0.1208)	宁 (0.0757)	宁 (0.0584)	宁 (0.1195)	宁 (0.1042)

资料来源：笔者根据《中国能源统计年鉴》（历年）进行计算得到。

第二节 水污染

一、水污染水平

水污染是中国环境污染的一个重要组成部分，不同于大气污染，水污染的主要污染源除了工业废水污染之外，生活废水也是水污染的一大重要源头。

图 4.4 报告了 2000 ~ 2017 年间（2018 年数据暂未获取）中国废水污染的主要情况。从总排放量来看，2000 ~ 2017 年间，生活废水排放量和废水排放总量都有明显的增加趋势，其中，废水排放总量从 2000 年的 415.2 亿吨增加到 700 亿吨，增长幅度达 68.59%；生活废水排放量增长速度更为显著，于报告期间增长了 157.58%。工业废水排放量在 2000 ~ 2010 年间也呈现出增长趋势，但增幅相对较缓，其于报告期间增长了 22.30%，且于 2010 年后，呈现出下降趋势，由 2010 年的 237.50 亿吨下降至 2017 年的 130 亿吨，下降了 45.26%。从废水的构成来看，2000 年生活废水排放量占废水排放总量的 53.20%，其后，该占比不断提升，至 2017 年，其占比达 81.29%，年均增长 1.65 个百分点，生活废水已经成为中国废水排放的重要源头。从工业用水排放强度来看，每万元工业增加值用水量从 2000 年的 285 立方米降低到 2017 年的 49 立方米，下降幅度为 82.81%。可见，在工业废水排放总量增加的同时，中国工业用水的效率有着明显的提高，这在一定程度上表明中国工业废水排放量的增长主要源于工业发展对水资源需求量的增加。

废水排放的有效治理是降低废水排放对环境影响的重要措施，图 4.5 报告了中国工业废水排放的治理情况。

从工业废水排放达标率来看，2000 年，中国工业废水排放达标率仅为 76.9%，尚有 23.1% 的废水仍未达标，对水环境造成了严重的破坏，而到 2010 年，工业废水排放达标率已达 95.3%，绝大多数工业废水是经过严格处理后方可排放，对环境的破坏程度显著降低（从 2011 年起，《中国环境统计年鉴》不再公布"工业废水排放达标率"指标）。

从工业废水治理投资来看，2000 ~ 2002 年间，中国工业废水治理投资减少 38.1 亿元，而经过 2002 ~ 2008 年的快速增长，工业废水治理投资额达到

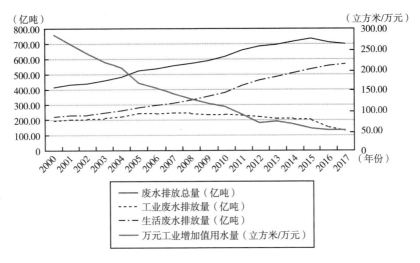

图 4.4 中国废水排放情况（2000～2017 年）

资料来源：《中国环境统计年鉴》（历年）。

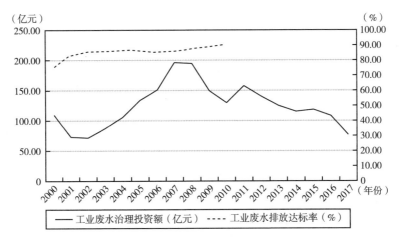

图 4.5 中国工业废水治理情况（2000～2017 年）

资料来源：《中国环境统计年鉴》（历年）。

194.6 亿元，2008 年后，开始逐步回落，至 2017 年下降至 76.4 亿元。工业废水治理投资在高速增长之后的回落主要源于中国工业废水排放量的回落，2006 年之后，中国工业废水排放量趋于稳定，对工业废水的治理投资也相应放缓，工业废水排放达标率相对稳定。

二、水污染的地区差异性

（一）区域差异性

生活废水是废水排放的一大主要源头，废水中的主要污染物，如化学需氧量和氨氮排放量等也主要来自生活废水，因此，本节采用人均废水排放化学需氧量和人均废水氨氮排放量来进一步分析水污染的地区差异性。由于数据来源的限制，分地区生活污水中化学需氧量排放量以及生活污水中氨氮排放量于2010年之后的数据未能从相关统计年鉴中获取，故该指标的样本区间为2003～2010年，纵然样本区间仅8年，但其在一定程度上仍能反映出我国水污染的区域性差异问题。

如表4.2所示，对于人均废水化学需氧量（COD），以2003～2010年的平均值来看，西部地区的人均COD略大于东中部地区；东部地区的人均COD在报告期内呈现出明显的下降趋势，2010年，东部地区成为人均废水COD最低的地区；中、西部地区的人均COD在2003～2006年间呈微弱的上升趋势，2006年之后，则出现明显下降；东、中部地区的人均COD的差距从2003年的1.0278千克降低到2010年的－0.8381千克，其差距在报告期内呈现出明显的反转，其主要归功于东部地区人均COD的大幅度下降；中、西部地区之间人均COD的差距从2003年的－0.1620千克降低到2010年的－0.6362千克，中、西部地区之间的差距则呈现出进一步拉大的趋势。

表4.2　　　　中国地区废水化学需氧量和废水氨氮排放量

年份	废水化学需氧量（COD）（千克/人）			废水氨氮排放量（NOX）（千克/人）		
	东部地区	中部地区	西部地区	东部地区	中部地区	西部地区
2003	10.9934	9.9656	10.1276	1.1286	1.0486	0.7944
2004	10.7340	10.0555	10.2236	1.1088	1.0864	0.8385
2005	11.3613	10.7136	10.9587	1.2190	1.2522	0.9814
2006	11.1536	10.8609	11.1947	1.1290	1.2026	0.9037
2007	10.6431	10.5501	10.7821	1.0681	1.1286	0.8021
2008	9.9488	10.1007	10.3540	1.0103	1.0545	0.8027
2009	9.4343	9.7672	10.0742	0.9465	1.0214	0.7931
2010	8.6305	9.4687	10.1048	0.8790	0.9906	0.7231

资料来源：《中国环境统计年鉴》（历年）。

如表 4.2 所示，对于人均氨氮排放量（NOX），以 2003～2010 年的平均值来看，中部地区的人均 NOX 与东部地区基本持平，且明显高于西部地区；从时间序列来看，东中西部地区的人均 NOX 在 2003～2005 年间有明显的上升，2006 年之后，则显著下降；东、中部地区间的人均 NOX 之间并没有明显差距，而中、西部地区以及东、西部地区则存在显著差距，但中、西部地区的差距从 2003 年的 0.3341 千克降低到 2010 年的 0.1559 千克，其差距呈现出缩减的趋势。

（二）省际差距

基于人均废水化学需氧量和人均氨氮排放量，表 4.3 对中国省际水污染情况进行排名，从中可以看出，以 2003～2010 年的平均值来看，人均废水化学需氧量和人均氨氮排放量排名前五位的分别是青海、海南、宁夏、北京和天津，其中，青海和宁夏位于西部地区，而海南、天津和北京则位于东部地区；人均废水化学需氧量和人均氨氮排放量的后五位则不尽一致，广西、广东、湖南、江苏和四川落入人均废水化学需氧量的后五位，而广东、湖南、河南、山东和江苏则落入人均氨氮排放量的后五位。

表 4.3　　　中国省际人均废水化学需氧量和人均氨氮排放量排名

排名	人均废水化学需氧量（COD）排名			人均氨氮排放量（NOX）排名		
	2003～2006 年	2007～2010 年	2003～2010 年	2003～2006 年	2007～2010 年	2003～2010 年
1	青（5.44）	青（7.74）	青（6.59）	青（0.57）	青（0.73）	青（0.65）
2	琼（8.86）	琼（9.87）	琼（9.36）	琼（0.66）	琼（0.82）	琼（0.74）
3	宁（11.26）	京（9.97）	京（11.10）	宁（1.17）	宁（0.92）	宁（1.05）
4	京（12.24）	宁（12.90）	宁（12.08）	京（1.50）	京（1.24）	京（1.37）
5	津（13.91）	津（13.38）	津（13.65）	津（1.64）	津（1.52）	津（1.58）
6	甘（16.93）	甘（17.01）	甘（16.97）	黔（1.80）	黔（1.73）	黔（1.76）
7	黔（22.46）	黔（21.82）	黔（22.14）	滇（1.87）	滇（2.00）	滇（1.93）
8	新（26.24）	豫（24.18）	豫（25.39）	新（2.11）	甘（2.37）	新（2.30）
9	豫（26.61）	沪（25.61）	新（27.61）	秦（2.55）	新（2.48）	豫（2.63）
10	蒙（28.62）	滇（27.80）	沪（28.29）	豫（2.75）	豫（2.51）	甘（2.68）
11	滇（28.84）	蒙（28.04）	滇（28.32）	甘（2.98）	吉（2.98）	秦（2.80）
12	沪（30.97）	新（28.99）	蒙（28.33）	沪（3.19）	闽（2.99）	沪（3.16）
13	秦（34.13）	秦（32.57）	秦（33.35）	赣（3.33）	秦（3.04）	吉（3.19）

排名	人均废水化学需氧量（COD）排名			人均氨氮排放量（NOX）排名		
	2003～2006 年	2007～2010 年	2003～2010 年	2003～2006 年	2007～2010 年	2003～2010 年
14	闽（37.48）	晋（35.26）	晋（36.54）	吉（3.41）	沪（3.12）	赣（3.42）
15	晋（37.81）	吉（37.18）	闽（37.61）	蒙（3.66）	赣（3.50）	蒙（3.60）
16	吉（39.04）	闽（37.74）	吉（38.11）	晋（4.19）	蒙（3.54）	闽（3.86）
17	徽（43.48）	徽（42.98）	徽（43.23）	闽（4.73）	晋（4.22）	晋（4.21）
18	赣（45.19）	赣（44.51）	赣（44.85）	黑（5.10）	浙（4.52）	黑（4.95）
19	黑（50.42）	黑（46.77）	黑（48.59）	徽（5.28）	黑（4.79）	徽（5.06）
20	浙（57.65）	浙（52.58）	浙（55.11）	浙（6.29）	徽（4.84）	浙（5.40）
21	辽（58.31）	辽（57.90）	辽（58.10）	冀（6.61）	桂（5.31）	冀（6.13）
22	鄂（62.27）	鄂（58.38）	鄂（60.33）	川（6.74）	冀（5.65）	桂（6.27）
23	冀（66.07）	冀（59.71）	冀（62.89）	桂（7.23）	川（6.04）	川（6.39）
24	豫（71.14）	豫（64.77）	豫（67.95）	辽（7.40）	辽（6.29）	辽（6.85）
25	鲁（78.42）	鲁（66.65）	鲁（72.53）	鄂（7.58）	鄂（6.68）	鄂（7.13）
26	川（85.19）	川（75.21）	川（80.20）	苏（7.76）	苏（6.82）	苏（7.29）
27	湘（87.03）	苏（83.81）	苏（85.88）	鲁（8.15）	鲁（7.02）	鲁（7.58）
28	苏（87.94）	湘（85.87）	湘（86.45）	豫（9.20）	豫（7.74）	豫（8.47）
29	粤（100.40）	粤（93.76）	粤（97.08）	粤（9.32）	湘（8.39）	湘（8.95）
30	桂（102.75）	桂（99.72）	桂（101.24）	湘（9.52）	粤（11.61）	粤（10.46）

资料来源：笔者根据《中国环境统计年鉴》（历年）计算得到。

从时序变化来看，人均废水化学需氧量和人均氨氮排放量的前五位和后五位在各个时段均未发生明显变化，其在一定程度上表明废水污染的省际排名缺乏流动性，省际差距有进一步固化的迹象。

第三节　固体废弃物污染

一、固体废弃物污染水平

固体废弃物是指居民和企业在生产和生活过程中所产生的固态废弃物，主要包括以居民生活垃圾、医疗垃圾、建筑垃圾和商业垃圾等未达标的城市生活固体废弃物，以高炉渣、矿渣、尾矿等为代表的工业固体废弃物和以农膜、秸秆等为代表的农业废弃物为主。固体废弃物一方面会对环境，如水源、土壤等产生极大的伤害，另一方面固体废弃物也是一种被"放错位置"的资源，对其的合理利用不仅可以避免相应的环境污染，还可以带来可观的经济价值。

结合数据的可获得性，本书采用工业固体废弃物的排放量和综合利用效率对中国固体废弃物污染进行描述。中国工业固体废弃物产生量从2000年的81 608万吨增加到2017年的331 592万吨，年均增长率为8.69%；与工业固体废弃物产生量不同，工业固体废弃物的排放量在样本期内有明显降低，从2000年的3 186万吨降低到2017年的73万吨，较之2000年降幅达97.71%；工业固体废弃物排放量和产生量的反方向变化，这在一定程度上表明固体废弃物的综合利用效率的提高，由图4.6可以看出，我国工业固体废弃物的综合利用效率从2000年的45.9%逐步增长到2010年的66.7%，随后则出现了一定的下降，2017年工业固定废弃物的综合利用率为54%。整体上我国工业固体废弃物的综合利用效率仍偏低，在2017年尚有46%的利用空间。

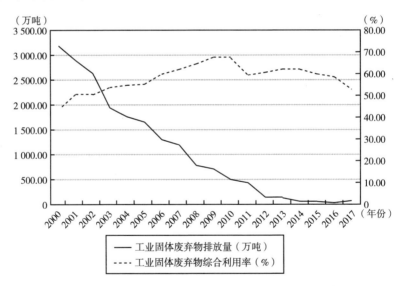

图4.6 中国工业固体废弃物排放情况（2000~2017年）

资料来源：《中国环境统计年鉴》与《中国第三产业统计年鉴》（历年）。

二、固体废弃物污染的地区差异性

对于固体废弃物污染的地区差异性，表4.4报告了中国工业固体废弃物综合利用效率的省际排名。以 2004～2010 年的平均值来看（由于数据来源的限制，未能获取 2010 年之后的工业固体废弃物综合利用效率之省级数据），排名前五名的省份分别是天津、上海、江苏、山东和浙江，均属于东部地区，而排名后五名的省份则分别是青海、甘肃、江西、陕西和贵州，除了江西省属于中部地区之外，其余省份均属于西部地区；结合各个省份的经济发展情况，东部经济发达地区之省份排名整体靠前，而经济欠发达的中、西部地区的省份排名则相对靠后，其与已有的关于环境库兹涅茨曲线的研究结论相一致；从各时段的排名变化来看，排名前五名和后五名的省份在各个时段之间均没有新省份进入，其在一定程度上表明中国固体废弃物的省际排名流动性较弱。

表 4.4　　　　　　中国工业固体废弃物综合利用效率的省际排名

排名	2004～2006 年	2007～2008 年	2009～2010 年	2004～2010 年
1	津（98.00）	津（98.30）	津（98.45）	津（98.21）
2	沪（96.07）	苏（96.35）	苏（96.45）	沪（95.69）
3	苏（93.73）	沪（94.85）	沪（95.95）	苏（95.26）
4	浙（90.73）	鲁（93.60）	鲁（94.75）	鲁（92.56）
5	鲁（90.40）	浙（92.20）	浙（92.95）	浙（91.79）
6	粤（80.43）	琼（89.90）	粤（90.25）	粤（84.47）
7	徽（79.73）	粤（84.75）	闽（84.15）	徽（81.70）
8	黑（73.80）	徽（82.50）	徽（83.85）	琼（79.86）
9	鄂（72.53）	豫（77.90）	琼（83.85）	豫（76.07）
10	豫（72.23）	湘（76.60）	豫（80.00）	鄂（74.64）
11	京（72.07）	鄂（74.80）	湘（78.85）	湘（74.34）
12	琼（70.50）	闽（71.70）	鄂（77.65）	闽（74.30）
13	湘（69.83）	黑（71.65）	豫（75.40）	黑（73.27）
14	闽（69.47）	豫（70.70）	黑（74.10）	豫（70.31）
15	豫（66.67）	京（70.60）	桂（67.55）	京（70.30）
16	桂（59.70）	桂（65.15）	京（67.35）	桂（63.50）
17	川（57.63）	冀（62.65）	吉（65.70）	吉（60.71）
18	吉（56.17）	吉（62.55）	宁（64.05）	宁（58.70）
19	宁（53.23）	宁（61.55）	冀（63.75）	冀（58.54）
20	冀（52.33）	川（56.85）	晋（62.80）	川（56.99）

排名	2004~2006 年	2007~2008 年	2009~2010 年	2004~2010 年
21	新（49.03）	蒙（53.00）	川（56.15）	晋（52.13）
22	晋（44.57）	晋（52.80）	蒙（54.45）	新（48.13）
23	辽（39.83）	新（47.50）	秦（54.20）	蒙（47.33）
24	蒙（38.80）	滇（45.25）	滇（49.85）	滇（43.76）
25	滇（38.70）	辽（42.90）	黔（48.25）	辽（42.77）
26	黔（36.80）	秦（40.90）	新（47.40）	黔（40.61）
27	甘（29.70）	黔（38.70）	辽（47.05）	秦（39.13）
28	赣（29.27）	赣（38.00）	赣（44.05）	赣（35.99）
29	秦（27.90）	甘（35.10）	甘（39.85）	甘（34.14）
30	青（23.63）	青（30.40）	青（39.75）	青（30.17）

资料来源：笔者根据《中国环境统计年鉴》（历年）计算得到。

第四节　能源消费

一、能源消费量的测算

既有研究大多采用地区一次能源终端消费量来衡量地区能源的实际消费状况，但地区一次能源消费量不仅包括直接消耗的一次能源，还包括转化成其他二次能源的量，二次能源在地区间的调配也会显著影响地区间能源的实际消费量，因此，本节在测算过程中，已将一次能源产品和二次能源产品的转化以及二次能源在地区间的调配等因素考虑在测算过程中，以期能有效降低地区间能源消费量的误差。

结合《中国统计年鉴》的划分标准，能源主要包括原煤、洗精煤、其他洗煤、型煤、焦炭、焦炉煤气、其他煤气、其他焦化产品、原油、汽油、煤油、柴油、燃料油、液化石油气、炼厂干气、其他石油制品和天然气共计17种产品，本节采用中国国家统计局公布的不同能源产品的折煤系数将所有的能源产品折算到标准煤，公式如下所示：

$$TE_i = = \sum_{j=1}^{17} C_{ij} \times B_j \tag{4.1}$$

其中，TE_i 为第 i 地区的能源消费总量，C_{ij} 为第 i 地区第 j 类能源产品的实际消耗量，B_j 为第 j 类能源产品的折煤系数。

二、中国地区能源消费水平

本节按照式（4.1）的方法来对中国能源消费量进行测算。通过图4.7可以发现：东部地区、中部地区和西部地区的能源消费量在1990～2017年间呈现出明显的上升趋势，且在2002～2012年这一时间段中，其增长速度明显高于其他时段，结合此阶段中国经济发展的实际情况，为了应对国际金融危机带来的经济低迷和区域经济发展的不平等，国家实行了一系列促进经济发展的战略措施，但是对环境管制的关注力度并不大，从而导致此阶段能源等要素的粗放型投入，造成能源消费量的大幅度增加。同时，在报告期间，各地区能源消耗的排名由高到低分别是东部地区、中部地区、西部地区，这主要与各地区经济发展情况相关联，同时，各地区之间的差距也呈现出一定的扩大趋势。

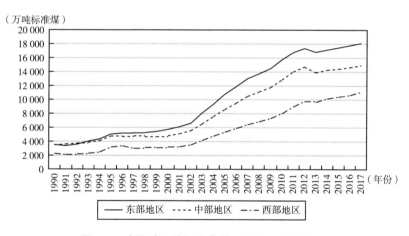

图4.7　中国地区能源消费量（1990～2017年）

资料来源：笔者根据《中国能源统计年鉴》（历年）计算得到。

如图4.8所示，就我国整体而言，1990～2017年间，能源消耗量也呈现出显著的增加趋势，尤其是从2002年开始，其增长幅度较之前期有大幅的提升，而进入2012年后，其增幅开始放缓。以1990年为基期，计算的万元国内生产总值能源消耗量在1990～2017年间整体呈现下降趋势，但在2002～2005年间，该指标出现不降反增的情况，这与此阶段国家大规模经济建设举措是相符合的。

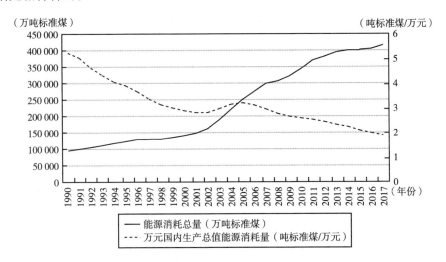

图 4.8　中国能源消费量与消耗强度（1990～2017 年）

资料来源：笔者根据《中国能源统计年鉴》（历年）等计算得到。

对于能源消费强度[①]，具体来看，东部地区的能源消费强度显著低于中、西部地区，这与既有研究相符，表明东部地区相对于中、西部地区，拥有较为先进的生产技术和较高的人力资本存量，其经济发展更加趋于集约化发展模式，另外中、西部地区是石化资源相对较为丰富的地区，其能源资源在生产要素中的相对优势较高，从而导致经济增长过程中更多地依赖于能源要素的投入，导致能源消费强度高。对于区域间差距，东、中、西三大地区能源消费强度差距在 1998～2017 年间有所下降，表明地区间能源消费强度可能存在收敛现象，这主要源于产业转移导致产业技术在区域间的扩散。

地区间能源消费强度的变化并不能充分描述省际能源消费强度的特征，本节表 4.5 中对中国省域能源消费强度进行排名。从 1998～2017 年间的平均值来看，能源消费强度排名前五位的省份分别是广东、海南、福建、江苏和浙江，而宁夏、青海、贵州、山西和内蒙古等能源资源丰富的中、西部省份的能源消费强度则落入排名后五位。对于排名前五位的省份，除在 2016～2017 年这一时段中，北京市挤入前五外，其余各个时段内并没有新省份进入，且均为东部地区省份，这在一定程度上表明前五位省份的排名在报告期

---

① 地区能源消费强度＝地区能源消费量（万吨标准煤）/地区生产总值（亿元）（1990 年为基期）。

内具有一定的稳定性，但从具体排名来看，各省份的排名在不同时段有所变化。对于排名后五位的省份，各个时段内并没有新省份进入，且除山西外（中部地区省份），其余省份均为西部地区省份，这进一步说明中国能源消费强度的省际排名流动性较弱。

表 4.5　　　　中国省域能源消费强度排名（1998～2017 年）

排名	1998～2000 年	2001～2005 年	2006～2010 年	2011～2015 年	2016～2017 年	1998～2017 年
1	琼（1.44）	粤（1.44）	粤（1.34）	粤（1.04）	粤（0.87）	粤（1.27）
2	闽（1.45）	琼（1.51）	琼（1.45）	苏（1.20）	苏（0.97）	琼（1.40）
3	粤（1.52）	苏（1.58）	苏（1.56）	沪（1.21）	沪（0.99）	闽（1.43）
4	浙（1.68）	闽（1.61）	浙（1.57）	浙（1.24）	京（1.01）	苏（1.44）
5	苏（1.74）	浙（1.73）	闽（1.59）	闽（1.26）	闽（1.01）	浙（1.49）
6	鲁（1.80）	桂（1.96）	沪（1.63）	京（1.26）	浙（1.06）	沪（1.64）
7	桂（2.00）	沪（1.96）	京（1.78）	琼（1.31）	津（1.07）	桂（1.79）
8	赣（2.09）	鲁（2.05）	徽（1.84）	徽（1.43）	徽（1.16）	鲁（1.81）
9	沪（2.30）	赣（2.14）	桂（1.93）	津（1.45）	琼（1.17）	徽（1.84）
10	湘（2.45）	徽（2.17）	津（1.97）	鲁（1.53）	鲁（1.20）	赣（1.87）
11	徽（2.45）	京（2.38）	赣（1.97）	桂（1.55）	鄂（1.26）	京（1.92）
12	鄂（2.86）	津（2.49）	鲁（2.10）	赣（1.57）	吉（1.29）	津（2.05）
13	豫（2.94）	湘（2.51）	鄂（2.34）	鄂（1.67）	桂（1.30）	鄂（2.20）
14	陕（2.96）	鄂（2.56）	吉（2.56）	吉（1.80）	赣（1.34）	湘（2.27）
15	川（2.99）	渝（2.69）	川（2.60）	渝（1.82）	渝（1.34）	川（2.42）
16	津（3.10）	川（2.83）	渝（2.64）	川（1.87）	湘（1.41）	豫（2.47）
17	京（3.13）	豫（2.87）	陕（2.65）	湘（1.88）	川（1.45）	渝（2.53）
18	滇（3.13）	陕（2.92）	湘（2.65）	豫（1.97）	豫（1.48）	陕（2.53）
19	冀（3.44）	滇（3.15）	豫（2.70）	辽（2.02）	黑（1.66）	吉（2.60）
20	吉（3.70）	黑（3.23）	辽（2.71）	黑（2.03）	辽（1.72）	黑（2.79）
21	辽（4.05）	吉（3.31）	黑（2.72）	陕（2.08）	陕（1.77）	辽（2.80）
22	渝（4.09）	辽（3.34）	滇（3.14）	滇（2.40）	滇（1.87）	滇（2.83）
23	黑（4.16）	冀（3.58）	冀（3.40）	冀（2.56）	冀（2.04）	冀（3.11）

续表

排名	1998~2000 年	2001~2005 年	2006~2010 年	2011~2015 年	2016~2017 年	1998~2017 年
24	蒙 (4.33)	甘 (4.19)	甘 (3.73)	甘 (2.93)	甘 (2.31)	甘 (3.70)
25	甘 (5.05)	蒙 (4.52)	蒙 (4.35)	蒙 (3.15)	蒙 (2.56)	蒙 (3.91)
26	新 (5.38)	新 (4.94)	新 (4.87)	黔 (3.73)	黔 (2.78)	新 (5.11)
27	青 (6.04)	青 (5.57)	黔 (5.06)	晋 (4.08)	晋 (3.45)	晋 (5.22)
28	宁 (6.23)	晋 (6.33)	晋 (5.28)	青 (5.32)	青 (4.45)	黔 (5.26)
29	晋 (6.39)	黔 (6.56)	青 (5.72)	新 (5.35)	新 (5.14)	青 (5.50)
30	黔 (7.66)	宁 (8.25)	宁 (8.96)	宁 (7.70)	宁 (7.30)	宁 (7.89)

资料来源：笔者根据《中国能源统计年鉴》（历年）计算得到。

综上，中国能源消费量在 1990~2017 年间有明显增加，而能源消费强度的变化则表明在报告期内中国能源的实际利用效率显著提高。能源消费强度的区域差异性分析表明：东、中、西部地区存在明显的差距，但其差距正在逐渐降低；能源消费强度的省际排名进一步表明中国地区能源消费强度的流动性较弱，省际差距有固化的迹象。

第五节　中国省域环境质量的综合评价

一、环境质量综合评价指数

在既有的经验分析文献中，大多研究从单一指标角度对地区环境污染程度进行衡量。然而，单一的环境污染指标并不能真实反映环境的真实情况，综合的环境指标更能反映该地区环境状况的全貌，它比单一指标更具研究价值（Esty et al.，2005）。本章参照人力资本发展指数的构建思路，结合中国的实际情况，从工业废水、工业废气、工业固体废弃物、生活"三废"、空气质量、能源耗费等六个维度，共计 24 个指标对其进行综合测定（具体指标选取参见表 4.6），根据式（4.2）~式（4.5），构建环境污染程度综合指数 EDI，以切实反映中国各省区市的环境质量现状。

表 4.6 中国环境综合评价指标的构建①

维度	衡量指标	指标数
工业废水排放状况	工业废水人均排放总量#、工业废水排放达标量率^、工业废水中化学需氧量人均排放量#、工业废水中氨氮人均排放量#	4
工业废气排放状况	工业废气人均排放量#、工业废气二氧化硫人均排放量#、工业烟尘人均排放量#、工业粉尘人均排放量#	4
工业固体废弃物排放状况	工业固体废弃物人均排放量#、工业固定废弃物人均产生量#、工业固体危险废弃物人均产生量#、工业固体废弃物综合利用率^	4
空气质量状况	可吸入颗粒物密度#、二氧化硫密度#、二氧化碳密度#、空气质量达到及好于二级的天数^	4
生活"三废"排放及处理状况	人均生活二氧化硫排放量#、人均生活烟尘排放量#、人均生活污水排放量#、生活污水中化学需氧量人均排放量#、生活污水中氨氮人均排放量#、生活垃圾无害化处理率^	6
能源耗费状况	人均电力消费量#、单位地区生产总值能耗#	2
合计		24

$$EX_{ij} = (X_{ij} - X_i^*)/(X_i^{**} - X_i^*) \tag{4.2}$$

$$EX_{ij} = (X_i^{**} - X_{ij})/(X_i^{**} - X_i^*) \tag{4.3}$$

$$EDIX_{ij} = 1/n \sum_{i=1}^{n} EX_{ij} \tag{4.4}$$

$$EDI_j = 1/6 \sum_{i=1}^{6} EDIX_{ij} \tag{4.5}$$

其中，EX_{ij}、$EDIX_{ij}$ 和 EDI_j 分别表示第 j 省第 i 维度的衡量指标指数、第 i 维度指数和第 j 省环境污染程度综合指数。EDI_j 数值越大，环境污染程度越大。

EDI 是一个介于 0 和 1 之间的数值，当 EDI = 1 时，表明当前该地区的环境质量处于最坏的状态，而当 EDI 趋于 0 时，表明环境质量越来越好。

二、中国环境质量综合评价指数的测量

表 4.7 描述了中国各个时段分省环境质量的排名情况，从中可以发现：

---

① 根据数据的可得性，对于工业固体废弃物综合利用率和空气质量状况指标，本书以各省主要城市的相关统计指标值来衡量；根据指标性质，（#）与（^）分别表示运用式（4.3）或式（4.4）来计算维度值。

从 1998~2010 年的平均值来看，海南、福建、广东、江苏和上海位于排名的前五名，而宁夏、贵州、陕西、内蒙古和青海则落入了排名的后五位，并且排名前五位的省份均为东部经济发达地区，最后五名的省份则均属于中、西部欠发达地区；从时序来看，海南省在各个时段均保持全国第一名，而福建、广东、江苏和上海尽管排名在各个时段有所变化，但均位于前五名之列，而在 1998~2000 年时段排入前五名的江西省则逐渐退出了排名前列，北京逐渐进入 EDI 的排名前列；对于排名后五名的省份来说，甘肃从 2001~2003 年时段开始逐渐脱离排名靠后的情况，而青海则恒为环境质量恶化最为严重的五个省份之列。结合各个省份的经济发展水平和 EDI 排名，经济较为发达的东部地区省份的环境质量逐渐改善，而原本环境质量较好的中西部地区省份则由于经济发展的影响，其环境开始逐渐被破坏，环境质量排名逐渐靠后。

表 4.7　　　　　　　　　　　中国省际 EDI 排名（各时段平均值）

排名	1998~2000 年	2001~2003 年	2004~2006 年	2007~2010 年	1998~2010 年
1	琼（0.00）	琼（0.01）	琼（0.00）	琼（0.01）	琼（0.01）
2	闽（0.01）	闽（0.02）	粤（0.04）	京（0.02）	闽（0.03）
3	粤（0.04）	粤（0.05）	京（0.04）	沪（0.03）	粤（0.04）
4	赣（0.08）	苏（0.06）	闽（0.04）	粤（0.03）	苏（0.06）
5	苏（0.09）	沪（0.08）	沪（0.04）	苏（0.04）	沪（0.06）
6	沪（0.10）	京（0.08）	苏（0.05）	闽（0.05）	京（0.07）
7	浙（0.10）	徽（0.09）	徽（0.06）	徽（0.06）	徽（0.08）
8	徽（0.12）	赣（0.10）	浙（0.07）	津（0.06）	浙（0.08）
9	京（0.14）	浙（0.10）	津（0.08）	浙（0.06）	赣（0.10）
10	鄂（0.15）	鄂（0.12）	赣（0.11）	鄂（0.09）	津（0.11）
11	湘（0.18）	津（0.14）	鄂（0.11）	赣（0.10）	鄂（0.12）
12	津（0.19）	吉（0.17）	吉（0.12）	黑（0.12）	吉（0.16）
13	鲁（0.19）	湘（0.17）	黑（0.14）	吉（0.12）	鲁（0.16）
14	豫（0.20）	黑（0.18）	鲁（0.14）	鲁（0.12）	湘（0.17）
15	吉（0.22）	豫（0.20）	湘（0.17）	湘（0.16）	黑（0.17）
16	桂（0.24）	鲁（0.20）	辽（0.18）	川（0.18）	豫（0.19）
17	川（0.25）	桂（0.24）	豫（0.20）	辽（0.18）	川（0.22）
18	滇（0.25）	滇（0.25）	川（0.20）	豫（0.18）	桂（0.22）
19	黑（0.27）	辽（0.26）	桂（0.22）	桂（0.19）	辽（0.23）

续表

排名	1998~2000 年	2001~2003 年	2004~2006 年	2007~2010 年	1998~2010 年
20	辽（0.33）	川（0.26）	滇（0.23）	滇（0.24）	滇（0.24）
21	冀（0.34）	冀（0.34）	冀（0.26）	冀（0.24）	冀（0.29）
22	秦（0.37）	秦（0.35）	豫（0.30）	豫（0.27）	秦（0.33）
23	青（0.41）	青（0.36）	秦（0.31）	秦（0.30）	豫（0.34）
24	新（0.42）	新（0.36）	新（0.36）	甘（0.35）	新（0.40）
25	豫（0.43）	豫（0.38）	甘（0.36）	新（0.46）	甘（0.41）
26	甘（0.48）	甘（0.46）	青（0.42）	青（0.49）	青（0.42）
27	蒙（0.57）	蒙（0.64）	晋（0.56）	晋（0.56）	蒙（0.60）
28	晋（0.74）	晋（0.71）	黔（0.61）	黔（0.57）	晋（0.64）
29	宁（0.89）	黔（0.79）	蒙（0.63）	蒙（0.57）	黔（0.73）
30	黔（0.98）	宁（1.00）	宁（1.00）	宁（1.00）	宁（0.97）

资料来源：经笔者计算得到。

三、中国环境质量综合评价指数的差异性分析

（一）研究方法

就区域差异性的测度指标而言，有变异系数、基尼系数、阿特金森系数和泰尔系数等，其中，泰尔系数具有良好的空间可分解性特性，本节采用泰尔系数来对中国环境质量的区域差异性进行分析。

由于环境质量与居民生活息息相关，故以人口数加权的泰尔系数将是一种较好的区域差异性评价方法，其计算公式如式（4.6）所示。

$$\mathrm{ET}_t = \sum_{i=1}^{n} e_{it} \log \frac{e_{it}}{p_{it}} \tag{4.6}$$

其中，ET_t 为第 t 期各地区的泰尔系数，p_{it} 为第 i 地区人口占总人口数的比重，e_{it} 为第 i 地区环境质量占环境质量综合的比重。ET 是介于 0 和 logN 之间的数值，当 ET = 0 时表示地区间不存在不公平情况，即处于最大公平状态，而随着 ET 趋于 logN 表明各区域间环境质量的差异性增大。

通过将全国分为东、中、西部三大地区，泰尔系数可以分为组内差距和组间差距，从而可进一步分析区域差距的具体特征：

$$ET_t = ET_t^* + \sum_{j=1}^{3} p_{jt}T_{jt} \tag{4.7}$$

$$ET_t^* = \sum_{j=1}^{3} e_{jt} \times \log \frac{e_{jt}}{P_{jt}} \tag{4.8}$$

$$ET_{jt} = \sum_{i=1}^{n} \frac{e_{it}}{E_{jt}} \times \log\left(\frac{e_{it}}{E_{jt}} \times \frac{P_{jt}}{p_{it}}\right) \tag{4.9}$$

其中，ET^* 为组间差距；T_j 为各区域内部的泰尔系数，也即组内差距；n 为子区域内省份的个数，P_{jt} 为第 j 区域人口占总人口的比重；p_{it} 为第 i 区域的人口数占其区域内总人口数的比重；E_{jt} 为第 j 区域环境质量综合占总环境质量的比重，e_{it} 为第 i 个省份的环境质量占其所在区域环境总质量的比重。

（二）中国区域环境质量差异性分析

通过将中国各省区市按照三大经济带的划分方法分为东部地区、中部地区和西部地区，表4.8分别报告了全国层面、东部地区、中部地区和西部地区的泰尔系数。从中可以发现：全国层面的泰尔系数从1998年的0.3126增加到2010年的0.4212，从而说明中国省际环境质量存在较大的差异性，且在报告期内其差距正不断拉大；不同于全国层面的泰尔系数，东部地区省份的泰尔系数有明显的下降趋势，说明东部地区省份的环境质量差异性在报告期内不断缩小，存在"俱乐部收敛"现象；中部地区和西部地区的泰尔系数显著高于东部地区，且西部地区的泰尔系数也高于中部地区，这说明中西部地区的省际环境质量差异性高于东部地区，但在报告期内中部地区的泰尔系数处于波动状态，而西部地区则有明显的上升，这表明中西部地区的省际环境质量差异性在报告期内不存在"俱乐部收敛"迹象，且西部地区的省际差异性正在进一步扩大。

表4.8　　　　　　　　中国区域环境质量差异性（泰尔系数）

年份	全国层面	东部地区	中部地区	西部地区
1998	0.3126	0.2094	0.2145	0.2549
1999	0.3323	0.2123	0.2143	0.2633
2000	0.3162	0.1829	0.1961	0.2604
2001	0.3176	0.1684	0.2164	0.2580
2002	0.3378	0.1669	0.2383	0.2706

续表

年份	全国层面	东部地区	中部地区	西部地区
2003	0.3752	0.1400	0.2674	0.3139
2004	0.3639	0.1242	0.2275	0.3074
2005	0.3849	0.1276	0.2315	0.3225
2006	0.4091	0.1359	0.2393	0.3293
2007	0.4163	0.1419	0.2342	0.3353
2008	0.4153	0.1354	0.2347	0.3347
2009	0.4139	0.1310	0.2340	0.3275
2010	0.4212	0.1424	0.2316	0.3252

资料来源：经笔者计算得到。

基于泰尔系数的分解方法，本节将中国省际环境质量的区域差异性进一步分解为组间差距和组内差距。通过表4.9可以看出，以平均值来看，组内差距贡献了中国省际环境质量差异性的69.82%，而组间差距的贡献则为30.18%，故组内差距是中国省际环境质量差异性的重要源头；从时序上来看，组间差距从1998年的0.0790扩大到2010年的0.1478，其对总差异性的贡献也增加到2010年的35.08%，组内差距在报告期内有微弱的上升趋势，但其对总差异性的贡献却有明显的下降。综上，中国环境质量的省际差异性主要源于组内差距，但组间差距不断扩大，并逐渐成为导致总体差异性的一个不可忽视的组成部分。

表4.9　　　　　　　　中国省际环境质量的区域差异性分解

年份	组间差距		组内差距	
	数值	贡献率（%）	数值	贡献率（%）
1998	0.0790	25.28	0.2336	74.72
1999	0.0928	27.92	0.2395	72.08
2000	0.0894	28.27	0.2268	71.73
2001	0.0883	27.82	0.2292	72.18
2002	0.0945	27.97	0.2434	72.03
2003	0.1022	27.23	0.2730	72.77
2004	0.1085	29.82	0.2554	70.18
2005	0.1187	30.85	0.2661	69.15
2006	0.1329	32.47	0.2763	67.53

年份	组间差距		组内差距	
	数值	贡献率（%）	数值	贡献率（%）
2007	0.1369	32.89	0.2794	67.11
2008	0.1370	32.99	0.2783	67.01
2009	0.1399	33.80	0.2740	66.20
2010	0.1478	35.08	0.2734	64.92
平均值	0.1129	30.18	0.2576	69.82

资料来源：经笔者计算得到。

第六节　本章小结

本章从大气污染、水污染、固体废弃物污染和能源消费四个方面描述了1996～2017年间中国的环境污染情况以及区域差异性；构建了中国环境质量的综合量度指标，并对中国30个省区市的环境质量进行测度。

中国环境质量存在显著的省际差异性，并且中、西部地区的省际差异性明显高于东部地区；全国层面的环境质量差异性在报告期内不断上升，不存在收敛现象；东部地区的差异性在报告期间则有明显的降低，表明东部地区存在有效的"俱乐部收敛"；而中、西部地区的泰尔系数在报告期内并没有出现明显的降低趋势，其并不存在"俱乐部收敛"迹象。

基于泰尔系数的分解，本章将中国省际环境质量的差异性分为组内差距和组间差距，分析发现中国省际环境质量的差异性主要来自组内差距，但组内差距在报告期间逐年下降，而组间差距则有进一步扩大的趋势。

第五章 中国人力资本发展水平与环境质量的关系

第一节 人力资本发展与环境质量间的逻辑关系

人力资本发展包括居民生存的能力、求职的能力和享受的能力，而环境质量则是承载居民生活以及居民创造生活的关键要素，由此可见，人力资本发展和环境质量是两个相互联系、相互制约的系统，从发展角度来看两者的改善都是为了居民更好的生活与生存（如图5.1所示）。

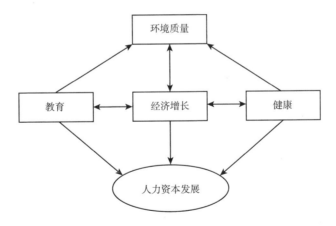

图5.1 人力资本发展与环境质量的逻辑关系

环境质量与经济增长。在马尔萨斯的人口论中，人们开始认识到环境将成为制约经济社会发展的最终因素；基于经典的哈罗德（Harrod）经济增长模型，阿尔盖（1972）将环境污染作为一种投入，分析发现环境污染对经济增长有显著的单向因果关系；格罗斯曼和克鲁格（1991，1995）则进一步发现经济增长对环境造成的破坏将随着经济水平的提高而呈现出"倒 U"型变化。因此，环境因素一方面作为经济增长的重要"投入"要素对经济发展具有显著的促进作用，另一方面环境污染也是经济增长过程中产生的非期望产出（undesirable output），其对环境质量也将产生负面影响。

环境质量与健康。健康是人力资本的重要组成部分，其会对经济增长产生重要的影响，同时环境质量的好坏也能显著改变居民的健康状况。林等（Linn et al.，1983；1987）以及美国环境保护署（EPA）于 2007 年通过调查研究发现，环境质量显著影响居民患呼吸系统疾病的概率，而居民健康水平的下降又对劳动供给和劳动生产率产生影响（Hanna and Oliva，2010；Graff Z. and Matthew J. N.，2011；杨俊和盛鹏飞，2012），从而影响经济增长。

环境质量与教育。教育是人力资本积累的主要渠道，同时也是人们认知能力和生活能力提高的重要方式。在既有研究中，教育与对环境质量的需求之间存在显著的相关性（Brasington and Hite，2005），其也会提高居民对改善环境质量的支付（Jalan et al.，2007）。

第二节　实证模型

基于前面的初步分析，为深入探讨人力资本发展与环境质量的关系，在杰哈和穆西（Jha and Murthy，2003）经修正后的 EKC 模型基础上，本章构建如下回归方程即式（5.1）。

$$\text{EDI}_{it} = \alpha_i + \beta_1 \text{HDIM}_{it} + \beta_2 \text{HDIM}_{it}^2 + \beta_3 \text{HDIM}_{it}^3 + \beta_4 \text{Growth}_{it} + \beta_5 \text{COND}_{it} + \varepsilon_{it}$$

$$(5.1)$$

为更好地揭示人力资本发展对环境质量的影响，需对 EDI 的内生变量进行控制，同时也需控制其他的变量（COND）。既有研究表明，环境质量变化也影响着该地区的经济增长（Lopez，1994），考虑到经济增长因素的内生性，本章在此引入生产函数的分析框架，以考察环境质量变化如何影响生产过程。首先假设生产函数具有如下形式：

$$Y = AL^{1-\beta}K^{\beta}$$

$$(5.2)$$

令 y = Y/L，k = K/L 分别表示人均 GDP 与人均资本存量，式（5.2）可改写为：

$$y = Ak^\beta$$

即：

$$\ln y = \ln A + \beta \ln k \qquad (5.3)$$

基于此，构建出考虑环境质量变化的产出方程即式（5.4）。

$$Growth_{it} = \lambda_i + \gamma_1 EDI_{it} + \gamma_2 k_{it} + \gamma_3 H_{it} + \xi_{it} \qquad (5.4)$$

本章以方程式（5.1）与方程式（5.4）构建成为联立方程组，以考察中国人力资本发展与环境质量之间的作用效应。两式中下标 i 代表各个省际截面单元，t 代表年份。在环境质量决定方程式（5.1）中，EDI_{it} 代表环境质量，$HDIM_{it}$ 代表人力资本发展水平，$Growth_{it}$ 代表人均收入，$COND_{it}$ 代表影响环境质量变化的其他控制变量。在产出方程式（5.4）中，k_{it}、H_{it} 分别代表人均物质资本存量与人力资本存量。α_i 和 λ_i 则为特定的截面效应。

第三节　变量与数据

一、变量

对于环境质量决定方程式（5.1）中的控制变量有如下解释。

产业结构变量：格罗斯曼和克鲁格（Grossman and Kreuger，1991；1995）、帕纳约托（Panayotou，1993）等认为，在经济起飞和加速阶段，第二产业比重增加，工业化会带来严重的环境问题，而当经济从高能耗高污染的工业转向低污染高产出的服务业、信息业时，经济活动对环境的压力降低，环境质量将得以改善。同时，在对各省区市 HDIM 与 EDI 指数及其排名的分析中，发现工业化因素是影响地区环境质量的一个重要影响因子。在此本章引入产业结构变量（Struc），以第二产业产值占 GDP 的比重来反映。

技术进步变量：随着经济的发展，人们也将增加对环保技术的研发投入，环境技术进步使得污染更容易得到治理，同时，技术进步也促进经济增长方式的转变与产业结构的调整与优化，从而本章引入技术进步变量（Tech），以全社会科研（R&D）经费支出来衡量，并以各地区对环境污染治理的投资总额（Inst）来反映各地区的治污力度。

对外开放度：贸易对环境质量的影响也有待进一步验证。科普兰和泰勒（Copeland and Taylor，2004）认为国际贸易对国内环境质量的影响并非"污染天堂假设"（pollution havens hypothesis）（Copeland and Taylor，2004）所表明的那样，会必然导致发展中国家的环境质量恶化、污染排放增加，它往往取决于一国参与国际贸易的分工模式以及国际贸易对国内要素部门配置的影响，因此，本章亦加入对外贸易变量（Fore），以地区实际利用外资额占 GDP 的比重来度量。

对于产出决定方程式（5.4）中的要素投入变量有以下解释。

物质资本存量：以各省份各年实际物质资本存量除以年末总人数的自然对数来衡量。在永续盘存法下，基年的选择越早，基年资本存量估计的误差对后续年份的影响越小，本章以 1952 年为基年，采用张军（2004）的估计方法，以固定资本形成总额为计算对象，以隐含固定资产投资价格指数为价格缩减指数，取固定资产经济折旧率为 9.6% 来计算中国 1998～2010 年的物质资本存量，计算公式如式（5.5）。

$$K_{ij} = \sum_{m = 1952}^{j} I_{im}(1 - \delta)^{m} \tag{5.5}$$

其中，i 为第 i 个省份，j 为第 j 年，K 为物质资本存量，I 为全社会固定资产投资，δ 为经济折旧率。

人力资本存量：本章借鉴巴罗和李（Barro and Lee，2000）的衡量方法，以各地区人均受教育年限来衡量，并参照王小鲁（2000）的界定方式设定相应的受教育年限的权数（小学 6 年，初中 9 年，高中 12 年，大专 16 年），由此加总得出各地区人均受教育年限。

经济增长水平：本章以各地区人均实际 GDP 的自然对数来度量。

二、数据

本章采用中国 2003～2010 年 30 个省区市（由于数据的缺失，未将西藏纳入研究样本中）的省际面板数据进行研究，数据集共包括 30 个截面单位和 8 年的时序序列。数据来源于历年《中国统计年鉴》《中国环境年鉴》《中国人口统计年鉴》《中国对外经济统计年鉴》《中国人口与就业统计年鉴》《新中国六十年统计资料汇编》等。

第四节　研究方法

由于在模型设定上存在着变量的内生性问题以及单个省份的估计方程间存在着异方差现象，因此，本章采用三阶段最小二乘法（3SLS）对面板数据的联立方程组进行估计。其具体步骤包括以下几点。

第一阶段，先估计联立方程系统的简化形式。

第二阶段，用全部内生变量的拟合值得到联立方程系统中所有方程的两阶段最小二乘法（2SLS）估计。一旦计算出 2SLS 的参数，每个方程的残差值都可以用来估计方程之间的方差和协方差，类似于似乎不相关回归法（SUR）的估计过程。

第三阶段，利用广义最小二乘法获得最终的参数估计量。很显然，3SLS考虑了方程之间的相关关系，其能得到比 2SLS 更有效的参数估计量。在平衡系统的情况下，使用 3SLS 得到的估计量为：

$$\hat{\Delta}_{3SLS} = \left[\hat{X}'\left(\sum{}^{-1}\otimes I_t\right)\hat{X}\right]^{-1}\hat{X}'\left(\hat{\sum}{}^{-1}\otimes I_t\right)Y \tag{5.6}$$

$$\hat{X} = \begin{bmatrix} Z(Z'Z)^{-1}Z'X_1 & 0 & 0 & 0 \\ 0 & Z(Z'Z)^{-1}Z'X_2 & \ddots & 0 \\ \vdots & \ddots & \ddots & \vdots \\ 0 & \cdots & 0 & Z(Z'Z)^{-1}Z'X_k \end{bmatrix} \tag{5.7}$$

其中，$\sum$ 是残差的协方差矩阵，算子 $\otimes$ 表示克罗内克积（kronecker product），Z 是先决变量矩阵，X_i 是第 i 个方程的 $T\times k_i$ 阶解释变量矩阵。

然而，在对联立方程组模型进行估计之前，必须考虑模型的识别问题，即是否能够从所估计的引导系数中求出一个联立方程组模型参数的估计值，它是联立方程组可否进行估计的充要条件。本章联立方程系统的结构式形式为：

$$BY + \Gamma Z = u \tag{5.8}$$

其中，各个变量矩阵和系数矩阵为：

$$Y_t = \begin{bmatrix} EDI_t \\ Growth_t \end{bmatrix}, t = 1,2,3,\cdots,T \tag{5.9}$$

$$Z_t = (1, HDIM_t, HDIM_t^2, HDIM_t^3, COND_t, k_t, H_t, L_t)', t = 1,2,3,\cdots,T \tag{5.10}$$

$$u_t = \begin{bmatrix} u_{1t} \\ u_{2t} \end{bmatrix}, t = 1,2,3,\cdots,T \tag{5.11}$$

$$(B,\Gamma) = \begin{bmatrix} 1 & -\beta_4 & -\beta_0 & -\beta_1 & -\beta_2 & -\beta_3 & -\beta_5 & 0 & 0 \\ -\gamma_1 & 1 & -\gamma_0 & 0 & 0 & 0 & 0 & -\gamma_2 & -\gamma_3 \end{bmatrix} \tag{5.12}$$

在联立方程组中，Growth、EDI 是内生变量（endogenous variable），其余都是先决变量（predetermined variable），由模型的外部条件给定。根据模型识别的阶条件和秩条件可知：

$$rank(B_0, \Gamma_0) = k - 1 = 1 \tag{5.13}$$

其中，k 为系统中内生变量的个数。

且对于所有方程的先决变量个数（g）均有：

$$g - g_i > k_i - 1 \tag{5.14}$$

由此可知，本章的实证模型是可识别的（identified）且为过度识别，其系数是可以估计的。

第五节　实证分析

表5.1 报告了方程（5.1）和方程（5.4）的估计结果，从中可以发现所有关键变量的符号和显著性均与预期相符合，并且在分别以 EDI、工业废水、工业废气、工业固体废弃物、生活"三废"、空气质量和能源消耗来作为被解释变量的估计结果中，所有七个方程组的估计结果均保持了良好的一致性，从而说明模型的估计结果是稳健的。

表 5.1 联立方程组计量分析结果

方程（5.1）	EDI	工业废水 EDIX1	工业废气 EDIX2	工业固废 EDIX3	生活"三废" EDIX4	空气质量 EDIX5	能源消耗 EDIX6
$HDIM_{it}$	16.3206 (1.51)*	38.4509 (4.02)***	45.9982 (2.50)***	−421.7122 (−2.00)**	651.0006 (4.06)***	58.0234 (3.61)***	28.0873 (1.62)*
$HDIM_{it}\hat{}2$	−13.0001 (−1.81)*	−28.6112 (−4.06)***	−35.8143 (−2.54)***	625.0002 (2.31)**	−916.8288 (−4.36)***	−42.8656 (−3.01)***	−23.4300 (−1.78)*
$HDIM_{it}\hat{}3$	—	—	—	−298.5122 (−1.90)**	427.2080 (4.18)***	—	—
$Growth_{it}$	0.2101 (3.97)***	0.1998 (3.78)***	0.3992 (3.80)***	0.1501 (2.51)***	−0.0006 (−0.01)	0.3126 (3.57)***	0.5001 (4.43)***
$Struc_{it}$	0.3005 (2.70)***	0.1842 (1.86)*	0.4289 (1.98)**	0.2998 (2.18)**	0.0706 (1.02)	0.1706 (0.70)	0.3881 (1.78)*
$Tech_{it}$	−3.6121 (−3.00)***	−4.0110 (−3.60)***	−10.5342 (−3.99)***	−3.2170 (−3.25)***	−2.0099 (−2.61)**	−2.0981 (−1.81)*	−5.3278 (−2.20)**
$Inst_{it}$	−0.5121 (−0.18)	−0.2732 (−0.21)	1.0009 (0.22)	1.0811 (1.01)	−2.0191 (−2.00)**	−6.5127 (−2.40)**	0.8016 (0.38)
$Fore_{it}$	−0.0612 (−4.51)***	−0.0378 (−4.61)***	−0.0219 (−3.00)***	−0.0278 (−1.90)*	−0.0091 (−1.01)	−0.0572 (−4.11)***	−0.0631 (−3.71)***
Constant	−6.3122 (−2.71)**	−10.8981 (−4.26)***	−12.3001 (−2.93)***	92.3268 (2.01)**	−111.8126 (−4.89)***	−30.0172 (−3.66)***	−16.0812 (−1.68)**
Chi$\hat{}$2	189.21	167.38	176.26	190.01	226.78	159.38	180.09
R$\hat{}$2	0.37	0.35	0.43	0.50	0.56	0.31	0.45
方程（5.4）	Growth						
EDI_{it}	−2.7332 (−4.21)***	—	—	—	—	—	—
$EDIX1_{it}$	—	−3.0092 (−3.68)***	—	—	—	—	—
$EDIX2_{it}$	—	—	−1.0127 (−4.58)***	—	—	—	—
$EDIX3_{it}$	—	—	—	−1.0001 (−2.88)***	—	—	—

续表

方程 (5.4)	Growth						
EDIX4$_{it}$	—	—	—	—	0.3212 (0.45)	—	—
EDIX5$_{it}$	—	—	—	—	—	-1.9231 (-4.51)***	—
EDIX6it	—	—	—	—	—	—	-1.2300 (-2.78)***
K$_{it}$	0.5312 (7.21)***	0.4121 (7.00)***	0.4526 (8.12)***	0.4002 (8.00)***	0.3972 (7.06)***	0.5462 (7.98)***	0.6026 (6.96)***
H$_{it}$	0.3008 (4.67)***	0.2152 (3.01)***	0.3278 (4.67)***	0.3538 (4.98)***	0.3663 (3.91)***	0.3801 (4.92)***	0.1922 (2.39)**
Constant	10.2126 (20.31)***	11.2133 (15.72)***	9.3138 (20.11)***	8.4321 (18.01)***	8.9381 (16.80)***	9.0012 (18.76)***	9.5336 (15.78)***
Chi^2	342.11	300.19	368.72	350.21	349.23	339.98	292.16
R^2	0.64	0.61	0.65	0.69	0.65	0.64	0.62
Obs	240	240	240	240	240	240	240

注：模型均在1%的显著性水平上通过 F 检验；括号中为 Z 统计值，***、**、*分别表示在1%、5%、10%水平下显著。

一、环境质量决定方程估计结果讨论

对环境质量方程的估计结果而言，本章主要关注以下两点：（1）环境质量与人力资本发展水平之间关系的形态，究竟存在何种线性或非线性关系；（2）其他控制变量对环境质量的影响。

首先，对环境质量与人力资本发展水平之间的关系进行分析。由环境质量方程的系数估计结果可见，基于省际层面的中国环境质量与人力资本发展水平之间存在着显著的"倒 U"型关系，HDIM 一次方与二次方的系数值分别为 16.3206 和 -13.0001，且均在 10% 的水平上显著。同时，六个反映环境污染程度的分项维度指标与人力资本发展水平之间也存在着显著的相关关系，所有回归系数均通过了 10% 的显著性检验。实证结果表明，关注人力资本发展，加大对其的投入力度对中国环境质量具有直接的作用效应。同时，基于省际层面的人力资本发展水平与工业废水、工业废气、空气质量以及能源消耗之间存在着显著的"倒 U"型关系，而人力资本发展与工业固体废物之间则为"倒 N"型关系，与生活"三废"之间为"正 N"型关系。地区间人力资本发展水平与工业固体废弃物排放量之间存在"倒 N"型关系，即随着人力资本发展水平的提升，工业固体废弃物排放量呈现出"先下降—后上升—再次下降"的趋势。"倒 N"型曲线的首次下降阶段可以被解释为在工业化早期，工业固体废弃物的产生并不像工业废气和工业废水那样必然，同时，污染量也远小于工业废气与工业废水，此时的人力资本发展水平能有效满足工业化早期所产生的固废的控制与治理。而与生活"三废"之间的"正 N"型关系，可以被解释为，由于社会的发展，生活垃圾类型越来越复杂，部分生活垃圾甚至将对环境造成无法修正的损害（如白色污染）。"正 N"型曲线的再次上升，表明随着社会的发展，保持有效的治理生活污染的技术进步（或发明）变得越来越困难，治污技术进步的速度小于生活污染物产出的速度，正如陆旸、郭路（2008）所认为的那样[①]。纵然如此，从长期总体发展来看，人力资本发展对中国地区环境质量的改善具有积极的作用效应。

由其他控制变量的计量分析结果可见，本章的计量模型取得了较好效果，各控制变量的估计系数符号基本与理论预期相吻合，绝大部分解释变量均在10%的水平上显著。

经济增长导致了地区环境质量的恶化。除生活"三废"外，在其余六组回归方程中，其估计系数分别为0.2101、0.1998、0.3992、0.1501、0.3126和0.5001，并都通过了1%的显著性检验。实证结果印证了包群、彭水军（2006）的观点，其认为就中国人均 GDP 地区分布实际情况而言，经济仍然还位于 EKC 的左半段，即污染排放随着人均 GDP 的上升而进一步增加，经济增长仍然会带来污染排放的增多和环境质量的下降。

以第二产业产值占 GDP 比重来度量的产业结构变量，除了生活"三废"污染和空气质量两维度之外，在其他五组回归方程中，Struc 的估计系数显著为正，分别为0.3005、0.1842、0.4289、0.2998、0.3881，均在10%的水平上显著。这与本书前述对 HDIM 与 EDI 指数数值及其相对排名的分析结果相一致。通过计算2003～2010年各省区市第二产业占 GDP 比重的平均值可见，

[①]　陆旸、郭路（2008）基于新古典增长理论，对 N 型曲线的产生进行了理论上的解释，其认为 N 型路径反映的是污染的路径偏离了稳态之后，不再返回稳态的一条路径选择。他们认为政府可以在财务支出中专门设立环境支出账户，以平抑"外部冲击"带来的"额外污染"。

山西（0.58）、天津（0.55）、浙江（0.53）等第二产业占比较大的省区市所面临的环境压力也相对较大，2003～2010 年间其 EDI 指数的平均排名分别位于第 29、22 和 21 位。实证结论印证了大多数"环境—经济"经验文献的观点（Hettige et al.，2001），即产业结构变化是影响地区环境污染程度的重要因素，工业化进程通常是影响环境质量的关键所在。而产业结构变量与生活"三废"、空气质量之间呈现出的不显著相关关系，其可能的解释为产业结构变量对环境污染的影响主要是针对工业污染，而对其他形式污染的影响则不具有显著性。

反映技术进步的全社会 R&D 经费支出，在七组回归方程中，无一例外的显著地促进了地区环境质量的改善，回归系数分别为 - 3.6121、- 4.0110、- 10.5342、- 3.2170、- 2.0099、- 2.0981 和 - 5.3278，且均在 10% 的水平上显著。实证结果印证了格罗斯曼（Grossman，1995）所强调的技术进步效应对环境质量具有积极影响的观点，科研经费投入的增加是改善中国地区环境质量的有效途径之一。与此同时，本章却发现各地区对环境治理的投资额除对生活"三废"污染和空气质量改善产生了积极的促进作用外，均未对整体环境质量水平及其他维度的环境质量改善产生明显的作用效应。从中本章得出一个启示：通过增加科研投入，以技术进步途径实现对工业污染的控制与治理效果比事后加大对治污资金的投入力度的效果要好。

反映对外贸易的实际利用外资额占 GDP 的比重变量，除对生活"三废"污染改善的作用效应不明显之外，对各地区整体环境质量与其他五个维度环境质量的改善具有显著的促进作用。其回归系数分别为 - 0.0612、- 0.0378、- 0.0219、- 0.0278、- 0.0572 和 - 0.0631，且均通过了 10% 的显著性检验。实证结果表明，贸易开放度的提高有利于中国环境污染物排放量的减少，"污染天堂假设"在基于中国省际层面的经验分析中未得以验证，这也印证了科普兰和泰勒（2004）的观点，由于外资的技术外溢效应的存在，对外贸易并不会必然导致发展中国家的环境质量恶化和污染排放增加。

二、产出决定方程估计结果讨论

对产出方程的估计结果而言，本章主要关注以下两点：（1）生产要素投入变量与经济增长之间的关系；（2）环境质量对经济增长的作用效应。

生产要素投入变量与经济增长的关系。本章的实证结果与既有大多数对要素投入与经济增长之间关系的理论与实证文献所持有的观点相一致。物质资本的投入、人力资本积累均显著地促进地区经济的增长，在七组回归方程中，人均物质资本存量的估计系数分别为 0.5312、0.4121、0.4526、0.4002、0.3972、0.5462 和 0.6026，人均受教育年限的估计系数为 0.3008、0.2152、0.3278、0.3538、0.3663、0.3801 和 0.1922，所有估计系数均在 5% 的水平上显著。这也从一个侧面反映出，随着工业化进程的深化，知识型人才是推进地区经济增长关键所在，凸显了人力资本发展水平提升所带来的人们受教育水平的提高，在地区经济增长中扮演了重要的角色。

环境质量对经济增长的作用效应。由实证结果可见，地区环境综合污染程度、工业废水、工业废气、工业固废、空气质量污染以及能源耗费对经济的增长产生了显著的消极影响，其估计系数分别为 −2.7332、−3.0092、−1.0127、−1.0001、−1.9231 和 −1.2300，且均在 1% 的水平上显著。但生活"三废"对经济增长的作用效应则不太明显。纵然如此，从整体层面来看，环境质量的恶化显著地阻碍了中国地区经济的增长，且负面效应表现出一定程度的稳健性，而作用机制有待后期更深入的论证。

第六节　本章小结

通过对中国省际层面的实证研究，本章验证了中国环境污染与人力资本发展之间"倒 U"型关系的存在，并进一步探讨了环境污染对地区经济增长的作用效应，从中得出以下几点结论与启示。

（1）本书通过对环境质量与人力资本发展逻辑关系的分析，阐述了经济增长、健康和教育等与环境质量的理论关系。在既有研究的基础上，本章分别建立了环境质量决定方程和产出决定方程来综合反映环境质量与人力资本发展的内在联系。

（2）基于面板数据的计量估计结果，环境综合污染程度与人力资本发展之间的"倒 U"型关系在省际层面成立。构成环境综合污染指数的六个维度指标与人力资本发展之间也存在着显著的相关关系，工业废水、工业废气、空气质量、能源消耗四个维度指标与人力资本发展之间的关系形态仍为"倒 U"型关系，而工业固废、生活"三废"与人力资本发展之间的关系形态则分别为"倒 N"型关系与"正 N"型关系。纵然关系形态略有不同，但不可否认的是，就长期而言，中国人力资本发展水平的提高对地区环境污染的控制、环境质量的提升具有显著的促进作用。

（3）目前中国的经济增长恶化了环境污染程度，产业结构变化是影响污染排放的一个重要因素。然而增加对研发的投入力度，能有效地改善环境质量，其作用效果优于对事后治污的投入。同时，贸易开放度的提高也有利于中国环境污染物排放量的减少，这从一个侧面反映出外资的技术外溢效应确实在中国存在。

（4）经济增长加大了中国地区环境污染程度，反之，地区环境质量的恶化也显著阻碍了中国地区经济的增长。同时，物质资本投入要素、人力资本积累是促进地区经济增长的重要因素。这在一定程度上凸显了人力资本发展水平提升所带来的人们受教育水平的提高，在地区经济增长中扮演了重要的角色。

（5）纵然大多数关于中国"环境—经济"的经验文献表明，中国环境污染与经济增长之间存在着"倒U"型关系。但基于本章的经验分析结果，本章认为缓解中国工业化进程所带来的环境压力，并非像以往的经验分析文献所表明的那样——控制污染物的排放、改善环境质量的关键是加快经济的发展，以期快速超越"倒U"型曲线的拐点，该政策指引并非最优的路径选择。本章的实证结果表明，就长期而言，关注人力资本发展，是改善地区环境质量的关键所在，同时，人力资本发展所带来的人们受教育水平的提高，又是推进中国工业化进程、加快经济发展的核心所在。本章明显的政策含义是，关注并加大对人力资本发展的投入力度，是解决中国在经济发展过程中，出现的经济增长与资源耗竭、环境恶化两难困境的关键所在，本章的经验分析为实现中国可持续发展的路径选择提供了一个理论和实证的依据。

第六章 中国人力资本发展与环境质量协调性分析

第一节 人力资本发展与环境质量协调性分析框架

一、协调性发展理论

协调性发展理论最早是由著名物理学家赫尔曼·哈肯在1971年提出，其认为系统的变化是由系统内部的控制变量通过自组织方式来实现的，系统最终的状态和结构将取决于系统在临界位置时控制变量的协同作用，并且系统并不一定走向新的秩序，其有可能走向新的无序。协调性发展理论主要包括三个方面。

（1）协同效应。协同效应是指系统内部的组成部分组合在一起会产生大于各个个体独立作用时的效果。在复杂系统中，当碰到外来冲击或者系统内部变化达到临界状态时，各个子系统就会产生协同效应，从而促进系统从无序到有序，并最终达到稳定结构的情况。

（2）伺服理论。在系统内部存在大量的稳定因素和不稳定因素，并且不同子系统的变化程度是不同的，因此存在快弛豫变量和慢弛豫变量，其中快弛豫变量是决定相变过程的根本变量，并且其服从于慢弛豫变量，但是到最后快弛豫变量会以"雪崩之势"控制整个系统，从而决定整个系统的变化。

（3）自组织理论。在系统内部，首先，各个子系统存在着相应的激励和竞争，从而相互影响，自发地形成网络；其次，不同子系统能够在合作的前提下实现帕累托最优；最后，当形成序变量之后，不同子系统会按照自组织过程进行运动。

二、人力资本发展与环境质量的协调性原则

人力资本发展与环境质量的协调发展是指两个系统内部各个子系统之间的数量结构、空间结构、时序结构等有机搭配在一起，从而能够良好地运行并最终实现经济持续增长和环境质量持续改善的良好状态。

（1）结构协调。人力资本发展子系统和环境质量子系统之间各要素按照一定的数量和结构形成具有特定结构和功能的有机整体，从而能够和谐一致、配置合理地服务于居民的生存和生活。

（2）层次协调。通过人力资本发展子系统和环境质量子系统在居民家庭、社区团体等微观层次上的协调一致来实现整个系统在宏观层次上的协调统一。

（3）区域协调。区域协调是指人力资本发展子系统与环境质量子系统的诸要素在区域之间的有机组合，从而能够实现资源在区域之间的合理分配并实现人力资本发展与环境质量在区域之间的协调。

（4）时间协调。人力资本发展子系统和环境质量子系统从协调、不协调到协调需要一段很长的时间，而再从协调、不协调到协调也需要经历一段时间，因而环境质量与人力资本发展的协调发展是一个周期性波动的过程。

（5）代际协调。人力资本发展代表了当代人的生活和生存能力，环境质量则不仅仅服务于当代人的需求，而且会对后代人的生活和生存产生重要的影响。因此人力资本发展与环境质量的协调发展应该更注重于可持续发展。

第二节　人力资本发展与环境质量的协调性构建方法

已有文献对环境污染与经济增长的协调性进行了较为充分的研究，并且大多采用综合赋权法、模糊评价法、层次分析法等来构建协调度指标，但是这些方法在构造协调度指标时不可避免地涉及权重的计算，所以指标带有较大的主观性，从而不能准确地描述具体的协调性情况。因此，本章从经济生产的自身来构造协调度指标，从而能够避开权重设置对计量分析结果产生的偏差。

一、人力资本发展与环境质量协调性的再定义

传统的关于环境与发展的协调性是从可持续发展的角度出发，来判断发展与环境之间是否平衡，主要强调经济的增长和环境质量的改善，但不涉及二者的内在逻辑关系。

结合人力资本发展与环境质量的逻辑关系，环境质量不仅仅是人们经济活动中的一种投入"要素"（D'Arge，1972），而且更是人们经济活动生产过程中产生的非期望产出。所以，人力资本发展与环境质量之间的协调性不仅仅是发展速度上的协调性，更是生产技术和生产方式的协调性，故本章认为人力资本发展与环境质量的协调性是在当前技术水平下，人力资本发展和环境质量都处于最佳水平与当前水平的距离，即在存在帕累托改进的情况下，环境质量与人力资本发展就存在可进一步协调发展的空间。

二、人力资本发展与环境质量协调性指标的构建

本章将采用非参数数据包络分析法来构造理想生产前沿，其主要思路是将所有的决策单元（DMU）作为样本点来形成一个生产系统，并通过包络所有的样本点求得理想的生产前沿面，进而利用方向性距离函数计算最优的生产点。

首先，建立如下的生产组合：有 P 个决策单元，每个决策单元在 M 种投入下，生产出 N 种好产出（如国内生产总值、健康和教育等）和 Z 种非期望产出（如各种污染物），并用 p(x) 表示生产可能性集合：

$$P(x) = \{(y,b):x\ 产出\ (y,b)\}, x \in R_+^N \qquad (6.1)$$

其中，x 表示 M 维投入向量、y 表示 N 维好产出向量、b 表示 Z 维非期望产出向量。

在式（6.1）中构造的生产可能性集合应该满足：（1）有界性，即在当前的生产条件下，产出的增加是有限的；（2）强可处理性，生产单元可以获得生产前沿下的任意生产点；（3）弱可处理性，非期望产出的降低是有成本的；（4）零结合性，当没有非期望产出产生时，期望产出也不会被生产；（5）凸性，生产服从边际要素递减规律。

由此，则可运用数据包络法（DEA）描述满足上述性质的生产可能性集合 $p(x)$。假设在每一个时期 $t = 1$，…，T，第 k 个省份的投入和产出值为 (x, y^t, b^t)，利用这些投入，"好产出"和"非期望产出"可以构造如下的生产组合。

$$p^t(x^t) = \{(y^t, b^t) : \sum_{k=1}^{K} z_k^t y_{km}^t y_m^t, m = 1, \cdots, M;$$

$$\sum_{k=1}^{K} z_k^t b_{ki}^t = b_i^t, i = 1, \cdots, I;$$

$$\sum_{k=1}^{K} z_k^t x_{kn}^t \leqslant x_n^t, n = 1, \cdots, N;$$

$$z_k^t \geqslant 0, k = 1, \cdots, K\} \tag{6.2}$$

在伦伯格（Luenberger，1992；1995）提出的短缺函数基础上，法勒等（1997）构造了如下的方向性距离函数（directional distance function），即式（6.3）。

$$\vec{D}_0^t(x^t, y^t, b^t, g) = \sup\{\beta : (y^t, b^t) + \beta g\} \tag{6.3}$$

其中，$g = (g_y, g_b)$ 表方向向量。

当 $g = (y, 0)$ 时，表明在生产过程中并不考虑非期望产出，而只关注期望产出的增加。

当 $g = (y, b)$ 时，表明是在谢帕德（Shephard et al.，1970）的生产技术条件下来进行生产，期望产出的增加只有在非期望产出同样增加的条件下才能实现。

当 $g = (y, -b)$ 时，表明生产技术满足在投入固定的条件下，非期望产出尽可能降低和期望产出尽可能增加的情况。

基于式（6.3），可以得到当前非期望产出和期望产出距离最佳的非期望产出和期望产出的距离，从而能够构建如下的效率指标：

$$EE = \frac{1}{1 + \vec{D}_0^t(x^{t,k'}, y^{t,k'}, b^{t,k'}; y^{t,k'}, -b^{t,k'})} \tag{6.4}$$

当人力资本发展作为期望产出，而环境污染[①]作为非期望产出时，EE 表

---

① 环境污染是一个负向指标，即当环境污染的值较大时，表明当前环境质量较差，反之环境质量则较好。

示当前生产技术和生产方式下，人力资本发展和环境质量距离最佳的距离，即人力资本发展与环境质量的协调性指标。EE 取值介于 0 和 1 之间，当 EE 为 0 时，表明在当前生产技术和生产方式下，环境质量与人力资本发展处于极为不协调的状态，而当 EE 趋于 1 时，表明环境质量和人力资本发展正在向最优的生产方式靠近。

对于 EE 的计算，采用如下的线性规划求解出方向性距离函数并得出最终的生产效率，如式（6.2）所示。

$$\max\beta = \{\overrightarrow{D_0^t}(x^{t,k'},y^{t,k'};y^{t,k'},-b^{t,k'}):$$

$$\text{s. t.} \quad \sum_{k=1}^{K} z_k^t y_{km}^t \geqslant (1+\beta)y_m^t, m = 1,L,M;$$

$$\sum_{k=1}^{K} z_k^t b_{ki}^t = (1-\beta)b_i^t, i = 1,L,I;$$

$$\sum_{k=1}^{K} z_k^t x_{kn}^t \leqslant x_n^t, n = 1,L,N;$$

$$z_k^t \geqslant 0, k = 1,L,K\} \tag{6.5}$$

第三节　中国省际人力资本发展与环境质量的协调性分析

一、中国省际人力资本发展与环境质量协调性的测度

本节采取从业劳动数、物质资本存量、能源消费总量等作为投入数据，将人力资本发展水平作为期望产出（desirable output），而环境污染作为非期望产出（undesirable output）建立投入产出系统。并采用式（6.4）和式（6.5）计算人力资本发展与环境质量的协调度指标，并对中国省际人力资本发展与环境质量的协调性进行分析。

图 6.1 描述了全国层面、东部地区、中部地区和西部地区的人力资本发展与环境质量的协调性，从中可以发现：全国层面的协调度指标徘徊在 0.50 左右，并且在报告期内有微弱的下降趋势，说明全国层面人力资本发展与环境质量的协调性有进一步调整的空间；东部地区是三大经济带中唯一一个协调度在 1998 ~ 2010 年间得以持续提高的地区，其协调度指标从 1998 年的 0.5492 提高到 2010 年的 0.69335，说明中国东部地区环境质量与人力资本发

展向协调迈进，但其协调度依然较低，即便在 2010 年仍有 30.65% 的改善空间；中部地区的协调度显著高于西部地区，但在报告期内该两大经济带的协调度均呈现出明显下降趋势，从而说明中西部地区的人力资本发展与环境质量的协调性有进一步恶化的趋势。

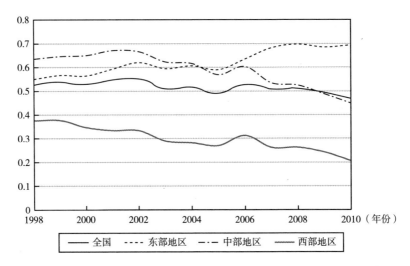

图 6.1　中国区域人力资本发展与环境质量协调度变化（1998~2010 年）

资料来源：笔者根据《中国统计年鉴》《中国环境统计年鉴》（历年）计算得到。

区域间省际平均水平可在一定程度上体现中国人力资本发展与环境质量的发展变化情况，但并不能具体反映人力资本发展与环境质量的变化情况，因此本章采用表 6.1 对中国省际人力资本发展与环境质量的协调性进行排序。以 1998~2010 年的平均值来计，安徽、广东、福建、江西和海南处于协调度最高的前五位，其协调度指标均在 0.7 以上，从而说明这些地区的人力资本发展和环境质量的协调性较好；青海、新疆、河南、贵州和宁夏五省份则落入协调度排名的后五位，其协调度指标均不超过 0.3，从而说明这些省份的人力资本发展和环境质量的协调程度尚有 70% 的改善空间；在前五位中除了江西和安徽属于中部地区之外，其他省份均属于东部地区，并且东部地区其他省份的排名也普遍靠前，而后五位排名中的省份则均属于经济欠发达的中西部地区，从而说明人力资本发展与环境质量的协调性也遵循三大经济带的规律，即人力资本发展与环境质量的协调性与地区经济发展水平存在一定的相关关系。对于省际排名的流动性，本章发现从 1998~2001 年时段到 2008~2010 年时段，黑龙江、吉林、海南、上海、天津、湖北等省份均先后进入到排名的前五位，而后五位的排名则相对固定，但在具体位次上有所变化，这在一定程度上表明中国省际人力资本发展与环境质量协调性的发展具有较大的流动性。

表6.1　　　　　中国省域人力资本发展与环境质量协调性排名

排名	1998~2001 年	2002~2004 年	2005~2007 年	2008~2010 年	1998~2010 年
1	赣（1.00）	徽（0.93）	粤（0.88）	粤（0.98）	徽（0.84）
2	徽（0.97）	闽（0.84）	徽（0.82）	京（0.98）	粤（0.78）
3	闽（0.85）	吉（0.84）	琼（0.77）	琼（0.89）	闽（0.75）
4	吉（0.73）	赣（0.71）	津（0.77）	沪（0.85）	赣（0.72）
5	黑（0.68）	黑（0.70）	鄂（0.69）	鄂（0.71）	琼（0.70）
6	鄂（0.64）	粤（0.66）	京（0.67）	苏（0.69）	京（0.69）
7	粤（0.63）	鄂（0.65）	闽（0.66）	津（0.67）	吉（0.67）
8	苏（0.60）	琼（0.63）	黑（0.65）	闽（0.64）	鄂（0.67）
9	湘（0.60）	湘（0.63）	苏（0.64）	湘（0.61）	黑（0.66）
10	豫（0.60）	苏（0.62）	湘（0.62）	黑（0.61）	苏（0.63）
11	鲁（0.56）	豫（0.60）	沪（0.60）	徽（0.59）	津（0.63）
12	京（0.55）	辽（0.59）	吉（0.60）	鲁（0.56）	湘（0.62）
13	琼（0.55）	京（0.59）	赣（0.56）	赣（0.52）	沪（0.60）
14	浙（0.54）	鲁（0.59）	鲁（0.54）	浙（0.50）	鲁（0.56）
15	辽（0.54）	津（0.59）	豫（0.54）	吉（0.50）	豫（0.55）
16	津（0.53）	沪（0.55）	川（0.50）	川（0.45）	浙（0.51）
17	滇（0.52）	滇（0.51）	冀（0.49）	豫（0.44）	辽（0.51）
18	青（0.48）	冀（0.51）	浙（0.49）	冀（0.44）	冀（0.47）
19	川（0.47）	浙（0.51）	辽（0.47）	辽（0.42）	滇（0.46）
20	桂（0.46）	桂（0.46）	桂（0.47）	甘（0.41）	川（0.46）
21	沪（0.45）	晋（0.44）	滇（0.43）	桂（0.40）	桂（0.45）
22	冀（0.44）	川（0.43）	晋（0.42）	滇（0.38）	晋（0.39）
23	蒙（0.42）	蒙（0.40）	甘（0.42）	晋（0.29）	甘（0.39）
24	晋（0.41）	甘（0.35）	秦（0.34）	秦（0.25）	蒙（0.35）
25	甘（0.38）	秦（0.33）	蒙（0.32）	蒙（0.21）	秦（0.31）

续表

排名	1998~2001 年	2002~2004 年	2005~2007 年	2008~2010 年	1998~2010 年
26	秦 (0.32)	青 (0.30)	新 (0.22)	新 (0.17)	青 (0.28)
27	豫 (0.31)	新 (0.27)	黔 (0.19)	黔 (0.15)	新 (0.25)
28	新 (0.30)	豫 (0.22)	宁 (0.14)	宁 (0.13)	豫 (0.20)
29	黔 (0.26)	宁 (0.17)	豫 (0.14)	青 (0.12)	黔 (0.19)
30	宁 (0.17)	黔 (0.13)	青 (0.14)	豫 (0.08)	宁 (0.16)

资料来源：作者计算而得。

二、中国区域人力资本发展与环境质量协调发展的差异性

采用变异系数①进行计算，图 6.2 描述了中国人力资本发展与环境质量协调性的区域协调性。从平均值来看，全国水平的变异系数为 0.4132，东部地区的变异系数为 0.2160，中部地区的变异系数为 0.2945，西部地区的变异系数为 0.4604，从而说明中国人力资本发展与环境质量之间的协调度存在明显的区域差异性，并且西部地区的差异性显著高于东中部地区。

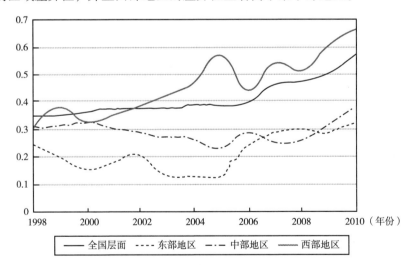

图 6.2　中国人力资本发展与环境质量协调性的区域差异性

资料来源：笔者根据《中国统计年鉴》《中国环境统计年鉴》（历年）计算得到。

---

① 变异系数 = 标准差/平均值。

从变化趋势来看，全国层面的协调度指标在 1998～2006 年间并没有明显的变化，而 2006 年之后省际差距明显拉大；西部地区协调度指标的省际差异性最大，且在报告期内其变异系数增长幅度也最大，表明西部地区在国家实施"西部大开发"战略之后，其省际生产方式和生产技术发生了巨大的变化，并且省际产业结构也有较大变化，从而导致区域内省际差距的拉大；东中部地区的变异系数在 1998～2005 年有微弱的下降趋势，但在 2005 年之后其变异系数则显著变大，区域内省际的差异性不断拉大。

第四节　协调性的驱动因素分析

一、模型设定

中国省际人力资本发展与环境质量的协调度指标整体上偏低，并且区域内和区域间存在较大的差距，这与中国地区间经济发展水平、产业结构、资源禀赋、技术条件等密切相关。因此本章建立如下实证模型以寻找导致协调度指标偏低和省际差异性的原因，即式（6.6）。

$$EE_{it} = \beta_0 + \beta_1 S_{it} + \beta_2 K_{it} + \beta_3 U_{it} + \beta_4 F_{it} + \beta_5 I_{it} + \beta_6 G_{it} + \beta_7 E_{it} + \varepsilon_{it} \quad (6.6)$$

其中，EE 为第 i 地区第 t 期的人力资本发展与环境质量的协调度。S 为产业结构变量，本书采用第二产业增加值占地区国内生产总值的比重来描述。K 为资本深化，本章采用地区物质存量与全社会年底从业劳动数的比值来描述，其中物质资本存量采用张军等（2004）的方法来进行计算。U 为城镇化程度，本章采用城镇从业劳动数与全社会年底从业劳动数的比值来描述。F 为外商直接投资存量，本章采用地区外商实际投资存量与全社会年底从业劳动数的比值来描述，其中地区外商实际投资存量采用张军（2004）的方法，即利用中国 1985～2010 年的外商实际投资额来进行计算。I 为经济密度，本章采用地区全社会年底从业劳动数与地区面积的比值来描述。G 为经济水平，本章选用人均实际国内生产总值来描述。E 为教育支出，本章采用地区财政教育经费支出与地区人口总数的比值来描述。

二、数据

本章采用中国 1998~2010 年 30 个省区市（由于部分数据的缺失，故未将西藏纳入研究样本中）的面板数据进行分析，样本共包括 13 年序列、30 个截面，共计 390 个样本点。外商直接投资存量、国内生产总值和物质资本存量均以 1998 年为基期来进行价格缩减。数据均来自《中国就业与人口统计年鉴》《中国固定资产统计年鉴》《新中国六十年统计资料汇编》等。

三、实证分析

本章采用差分广义矩估计和系统广义矩估计来对式（6.6）进行分析，表 6.2 报告了差分 GMM 和系统 GMM 的估计结果，从中发现：根据 Sargan 统计量结果显示，无论是差分 GMM 还是系统 GMM，所选用的工具变量都是有效的；模型中所有变量的估计值符号和显著性符合预期；差分 GMM 和系统 GMM 的估计结果整体上是一致的，从而说明本章的估计结果具有稳健性。

表 6.2　　　　　　　　　　计量分析结果

变量	差分 GMM	系统 GMM
滞后项	-0.1909 *** (-2.98)	-0.1832 *** (-4.25)
FDI 存量	0.0525 *** (6.05)	0.0513 *** (4.93)
城镇化程度	-0.6228 ** (-2.01)	-0.2156 ** (-2.72)
产业结构	-1.1201 *** (-5.75)	-0.6814 ** (-2.24)
经济水平	0.1238 ** (2.47)	0.6118 * (1.72)
教育支出	0.0025 * (1.94)	0.0009 * (1.76)

变量	差分 GMM	系统 GMM
资本深化	− 0. 0013 *** (− 2. 23)	− 0. 0102 ** (− 2. 19)
经济密度	− 0. 0007 *** (− 2. 57)	− 0. 0005 ** (− 3. 27)
常数项	0. 9447 *** (4. 85)	0. 7902 *** (5. 02)
AR（1）	− 0. 4081 *** (0. 0000)	—
AR（2）	2. 6420 *** (0. 0082)	—
Sargan	64. 4708 (0. 0504)	160. 4419 ** (0. 0179)

注：***、**、* 分别表示在1%、5%、10%水平下显著。

外商直接投资的系数为正且在1%的水平上显著，说明外商直接投资的增加有助于人力资本发展与环境质量之间协调性的改善。既有研究表明，外商直接投资将对中国带来正的技术溢出效应，从而促进中国经济的快速发展（姚洋，1999；潘文卿，2003；李平和刘建，2006；潘美玲，2010；沈坤荣和耿强等，2010），由于外商直接投资拥有较为先进的生产技术和管理方式，因而其会选择以高的标准来服从当地的环境政策（Gangopadhyay，1995；Es-keland and Harrison，2003），并且基于中国的实证分析也表明中国并没有沦为外商直接投资的"环境避难所"，相反，其对中国环境质量的改善有一定的促进效用（张曙霄等，2007）。

城镇化的发展不利于中国人力资本发展与环境质量的协调发展。自20世纪90年代以来，中国经历了城镇化的快速发展期，根据2011年4月公布的第六次人口普查数据可知，到2010年中国城镇化率已经达到了49.95%。城镇化的快速发展一方面促进了中国经济的快速发展，另一方面也造成了中国资源能源的过度消费，对中国环境产生了巨大压力（刘耀彬等，2005；蒋洪强等，2012等），从而城镇化发展并没有对中国环境质量和人力资本发展的协调发展起到促进效用。

产业结构和资本深化是地区经济结构重型化的重要表现，两者对人力资本发展与环境质量的协调性产生重要的影响。经济结构是联系经济发展与环境质量的重要纽带，经济发展必然依赖于环境，而经济发展最终也会产生一定的环境成本（李姝，2011）。随着产业结构重型化的加速，经济活动所产生的环境成本越来越大，从而不利于人力资本发展与环境质量的改善。

经济水平的提高显著改善了中国人力资本发展与环境质量的协调程度。基于传统的 EKC 框架，大量的实证研究表明了中国虽然仍处于"倒 U"型曲线的左半段，但已逐渐靠近转折点，经济水平的提高将最终带动环境质量的改善，并有利于环境质量和人力资本发展的协调性。

教育支出增加对人力资本发展与环境质量协调性的影响显著为正。教育支出的增加有益于人力资本的增加，从而能够明显提高经济增长水平，并最终改善地区的人力资本发展水平，同时教育水平的改善会明显提高居民的环境保护意识，促进居民环境保护支出的增加，从而改善环境质量（Brasington and Hite，2005；Jalan et al.，2007），因此人力资本发展与环境质量的协调性会随着教育支出的增加而得以改善。

经济密度对人力资本发展与环境质量的协调性有显著的负效应。经济密度是指地区经济发展的集聚程度，一方面较高的经济密度意味着经济发展的集聚程度较高，有利于在经济生产过程中更为便捷地利用规模经济和范围经济，有利于经济水平的提高，而另一方面经济密度的增加也会对环境质量造成巨大压力，从而不利于环境质量的改善。

第五节　本章小结

人力资本发展与环境质量的协调发展是实现可持续发展的重要途径，因此本章对人力资本发展与环境质量之间的协调性进行研究。

人力资本发展与环境质量之间的协调发展不仅仅是速度上的协调，更是生产方法和生产技术上的协调，因此本章从生产角度出发，重新定义其协调性。人力资本发展与环境质量之间的协调发展是指在当前生产技术和生产方式下，人力资本发展与环境质量可以改善的空间，当可改善的空间较大时，表明当前人力资本发展与环境质量处于不协调状态，反之则处于协调状态。

基于法勒等（1997）提出的方向性距离函数，本章建立了人力资本发展与环境质量协调性的分析框架。然后，借助数据包络分析方法来探寻最优的人力资本发展与环境质量状态，并通过对比当前状态与最优状态的距离来构建人力资本发展与环境质量的协调性指标。

基于上述方式，本章采用 1998～2010 年中国 30 个省区市的数据测度了中国省际人力资本发展与环境质量的协调性。实证分析结果表明除了东部地区外，全国层面、中部地区和西部地区的省际协调度指标在报告期内均没有得以改善，并且从报告期内的平均值来看，东部地区的协调度远远高于中、西部地区，区域间差距有进一步拉大的趋势；省际协调度的变异系数表明全国层面、东部地区、中部地区和西部地区存在较大的区域内差异，并且在 1998～2010 年间有进一步扩大的趋势，从而说明无论是全国层面还是分地区的层面，人力资本发展与环境质量的协调性均没有收敛的迹象。

针对中国人力资本发展和环境质量协调度指标偏低的情况，本章建立计量分析模型，通过采用系统 GMM 和差分 GMM 的方法对动态面板数据进行分析发现：外商直接投资存量的增加、经济水平的提高和教育支出的增加等有利于人力资本发展与环境质量的协调发展，而经济结构重型化（如第二产业占比增加、资本深化加强和经济密度的进一步增加等）则对人力资本发展与环境质量的协调性有较大的伤害，不利于实现人力资本发展与环境质量的协调发展。

第七章 结论、建议与展望

第一节 主要结论

从马尔萨斯的人口论到罗马俱乐部的经济增长的极限，人们认识到环境并不是可供人类无限开采的伊甸园，而是逐渐演化成制约人力资本发展的重要因素；从阿尔盖（1972）将环境污染引入哈罗德经济增长模型到格罗斯曼和克鲁格（1991，1995）的环境库兹涅茨曲线，人们进一步认识到环境是人们经济活动的投入要素，反之，经济活动也会对环境污染产生重要影响；在环境库兹涅茨曲线的基础上，进一步的研究则发现"倒U"型曲线并不像其表象那么美好，转折点并不会自动的到来；经济增长并不是居民活动的最终需求，人的综合发展才是居民真正的需要。然而，环境质量作为人类活动的重要承载体，其相互间的影响却没有得到应有的重视。因此本书从理论角度、数据角度和实证角度出发，深入探讨了环境质量与人力资本发展的相互关系，得出如下主要结论。

（1）总体上中国人力资本发展水平在报告期内有较大的改善，但是东、中、西部地区则存在较大的差异性。进一步研究发现，全国层面和东部地区的人力资本发展差异性主要来源于经济增长和教育水平的省际差距，中部地区的差异则主要来自教育水平的省际差距，而西部地区的差距则主要源于健康和教育水平的省际差距；同时，研究表明，全国层面和分地区层面的人力资本发展的省际流动性在报告期内均有明显的下降，从而说明中国人力资本发展的省际差异性有进一步固化的迹象。

（2）中国省际环境质量存在较大的差异性，并且中、西部地区的省际差异性明显高于东部地区；东部地区环境质量的省际差异性在报告期内有明显的下降，从而说明东部地区的环境质量存在"俱乐部收敛"的迹象；中西部地区的泰尔系数在报告期内没有明显的降低趋势，说明中西部地区不存在"俱乐部收敛"；进一步分析发现，中国省际环境质量的差异性主要来自组内差异，但组内差异在 1998～2010 年间逐年下降，而组间差距则有进一步扩大的趋势。

（3）环境质量与人力资本发展之间的"倒 U"型关系在省际层面成立；现阶段的经济增长恶化了环境污染程度，而产业结构变化是影响污染排放的一个重要因素；增加对研发的投入力度和外资开放度的提高等都有利于环境质量的改善。

（4）整体上全国层面的人力资本发展与环境质量的协调性较差，并且只有东部地区的协调性在报告期内有明显的改善，而其他地区则均出现了不同程度的恶化；省际协调度的变异系数表明全国层面、东部地区、中部地区和西部地区存在较大的地区内差异，并且在 1998～2010 年有进一步扩大的趋势，从而说明无论是全国层面还是分地区层面，其人力资本发展与环境质量的协调性均没有收敛的迹象；同时，实证分析发现外商直接投资存量的增加、经济水平的提高和教育支出的增加等均会显著提高人力资本发展与环境质量之间的协调度，而经济结构重型化等则不利于人力资本发展与环境质量之间协调性的改善。

第二节 政策建议

基于本书的结论，从人力资本发展与环境质量协调发展的角度出发，提出如下政策建议。

一、加强环境管制措施

当前中国采用的环境管制措施主要包括两种形式，一是指政府通过制定有关的环境标准对不同污染物排放的量和方式进行规定，并通过国家相关法律法规来予以强制履行；二是指政府直接对企业所采用的原材料、燃料以及设备等做出具体规定，并严格要求其必须达到具体的质量要求，或者强制企业安装污染物的回收和处理设施，对不履行者进行处罚。然而，这种环境管制措施存在执行成本高、管制力度不够和监管措施不力等问题，因而，并不能对中国当前的环境污染实施有效的管理。本书认为应从如下几个方面加强环境管制措施：建立企业的环境保护利益驱动机制，既有研究表明环境管制并不一定会导致地区经济增长效率降低，相反严格的环境管制会给地区带来更大的创新补偿和先行优势，有利于地区经济增长效率的提高；建立健全环境监督措施，环境监督措施可有效地提高环境管理的效率，从而能够最大化降低环境管制的成本；推行自愿性环境协议，自愿性环境协议是一种将传统的指令型环境管理模式和市场型环境管理模式相结合的一种制度形式，它通过引入政府和企业的技术信息共享来降低因信息不对称而造成的决策非效率，从而降低成本，提高环境管理效率。

二、增加人力资本投资

人力资本是指人自身资源的增加和能力的拓展。一方面人力资本投资的增加可以显著增强一个地区的技术创新能力，从而能够对地区经济发展有巨大的增长效应；另一方面人力资本投入带来的技术创新水平的提高则会降低地区经济增长带来的环境成本，同时，人力资本积累的提高也会提高居民对环境商品的需求（Brasington and Hite，2005；Jalan et al.，2007），从而改善环境质量。

人力资本投资增加的主要形式包括各种正式教育、职业培训、健康保健、劳动力迁移和对孩子的培养等。因此，针对中国人力资本积累的具体情况，本书认为可通过以下几个方面来优化中国的人力资本投资：（1）促进人力资本投资的多元化发展，当前中国人力资本投资的主要渠道为正规教育以及工作经验的积累，而通过拓展职业培训、提升居民健康水平和劳动力的适当迁移等渠道均可以改善中国当前的人力资本积累方式；（2）建立居民人力资本积累计划，人力资本投资是一个连续的动态过程，而现在中国并没有建立连续的人力资本投资体系，从而并不能对人力资本投资产生长效的推进机制，而建立居民人力资本计划则可以避免这一缺点；（3）构建人力资本保障体系，由于人力资本投资是一种具有较大正外部性的投资形式，因而依靠居民自身来提高人力资本投资的形式会造成实际的人力资本投资低于最优的人力资本投资，而引入政府机制来保障人力资本投资的成本与收益则可以显著提高当前的人力资本投资水平。

三、转变经济增长方式

"血拼"式竞争和政府直接参与的地区竞赛是中国过去经济发展的显著

特点（金碚，2006），其主要形式是通过劳动、资本和自然资源的粗放式投入来实现经济的快速增长，而粗放型发展模式则在经济发展的同时也对地区环境产生了巨大压力，从而导致地区经济发展与环境质量改善的不协调。因此转变经济增长方式，实现从粗放型发展模式到集约型发展模式的转变可以有效地制约经济发展与环境质量改善的拮抗关系，从而实现环境质量改善与地区经济的协调发展。

四、促进区域技术交流

技术水平的提高是改善人力资本发展与环境质量协调发展的重要途径，然而由于地区间经济发展水平的差异，技术水平也存在较大的技术差距。因此建立良好有效的区域技术交流机制不仅可以有效改善地区间技术差距，还可以通过技术交流加快地区技术创新速度，并最终服务于地区人力资本发展与环境质量协调发展状态的改善。

第三节　研究展望

由于人力资本发展和环境质量是两个多维度多指标的子系统，从而其间的关系也在现实世界表现得更为复杂，所以本书的研究将是一个长期的过程，其对中国现阶段经济社会建设具有一定的现实意义。基于本书的研究展望如下：（1）人力资本发展指数的构建存在维度导向、计算方法等诸多缺陷，构建更高质量、更合理的指标来反映人力资本发展情况将会在具体的实证分析中取得更好的结果；（2）环境质量与人力资本发展是一个复杂的系统，其相互作用会受到人口、地理、贸易、制度等多方面因素的影响。因此在之后的研究中，在模型中引入更多的变量，并分析其与人力资本发展和环境质量的理论机制，从而能够更为深入地探析人力资本发展与环境质量之间的关系；（3）在具体的实证分析方面，随着更为丰富、更高质量数据的可获得，以及新的计量方法的出现，后续研究可在更为一般的条件下验证环境质量与人力资本发展的关系，并获得更为稳健的结果。

参 考 文 献

[1] 白重恩，钱震杰. 中国的国民收入分配：事实、原因和对策 [J]. 比较，2009（6）：7-29.

[2] 白重恩，钱震杰. 劳动收入份额决定因素：来自中国省级面板数据的证据 [J]. 世界经济，2010（12）：3-27.

[3] 包群，彭水军. 经济增长与环境污染：基于面板数据的联立方程估计 [J]. 世界经济，2006（11）：48-58.

[4] 蔡昉，王德文. 比较优势差异、变化及其对地区差距的影响 [J]. 中国社会科学，2002（5）：41-54.

[5] 蔡继明. 中国城乡比较生产力与相对收入差别 [J]. 经济研究，1998（1）：11-19.

[6] 曹光辉，汪锋、张宗益和邹畅. 我国经济增长与环境关系研究 [J]. 中国人口资源与环境，2006（1）：25-29.

[7] 陈虹. 中国环境问题与经济发展的关系分析——以大气污染为例 [J]. 财经研究，2000（10）：53-59.

[8] 崔鑫生，韩萌，方志. 动态演进的"倒U"型环境库兹涅茨曲线 [J]. 中国人口·资源与环境，2019（9）：74-82.

[9] 戴珊珊. 中国人类发展指数及其政府支出的相关分析 [J]. 经济体制改革，2007（3）：40-43.

[10] 董敏杰，李钢和梁泳梅. 中国工业环境全要素生产率的来源分解——基于要素投入与污染治理的分析 [J]. 数量经济技术经济研究，2012（2）：3-20.

[11] 高宏霞，杨林和付海东. 中国各省经济增长与环境污染关系的研究与预测——基于环境库兹涅茨曲线的实证分析 [J]. 经济学动态，2012（1）：52-57.

[12] 高纹，杨昕. 经济增长与大气污染——基于城市面板数据的联立

方程估计 [J]. 南京审计大学学报，2019（2）：90 – 99.

[13] 胡鞍钢. 地区与发展：西部开发新战略 [M]. 北京：中国计划出版社，2001.

[14] 胡巍等. 甘肃经济与环境协调发展度评价研究 [J]. 中国农学通报，2010（19）：374 – 377.

[15] 黄君浩. 地区差距、公共支出与中国人类发展 [J]. 产经评论，2011（2）：79 – 86.

[16] 蒋洪强等. 中国快速城镇化的边际污染效应变化实证分析 [J]. 生态环境学报，2012（2）：293 – 297.

[17] 柯孔林，冯宗宪. 中国银行业全要素生产率测度：基于 Malmqusit-Luenberger 指数研究 [J]. 数量经济技术经济研究，2008（4）：110 – 120.

[18] 李稻葵，刘霖林. GDP 中劳动份额演变的 U 型规律 [J]. 经济研究，2009（1）：70 – 82.

[19] 李谷成，范丽霞，闵锐. 资源、环境与农业发展的协调性——基于环境规制的省级农业环境技术效率排名 [J]. 数量经济技术经济研究，2011（10）：21 – 38.

[20] 李晶. 在污染的迷雾中发展？——污染敏感的人类发展指数及其实证分析 [J]. 经济科学，2007（4）：94 – 108.

[21] 李晶. 人类发展的测度方法研究：对 HDI 的反思与改进 [M]. 背景：中国财政经济出版社，2009.

[22] 李晶，李晓颖. 基于空间距离法的区域人类发展指数 [J]. 统计研究，2012（1）：61 – 67.

[23] 李娟伟，任保平. 协调中国环境污染与经济增长冲突的路径研究——基于环境退化成本的分析 [J]. 中国人口资源与环境，2011（5）：132 – 139.

[24] 李平. 环境技术效率、绿色生产率与可持续发展：长三角与珠三角城市群的比较 [J]. 数量经济技术经济研究，2017（11）：3 – 23.

[25] 李平，刘建. FDI、国外专利申请与中国各地区的技术进步——国际技术扩散视角的实证分析 [J]. 国际贸易问题，2006（7）：99 – 104.

[26] 李实. 中国个人收入分配研究回顾与展望 [J]. 经济学（季刊），2003（2）：380 – 392.

[27] 李姝. 城市化、产业结构调整与环境污染 [J]. 财经问题研究，

2011 (6): 38 – 40.

[28] 李树奎, 李同昇, 周杜辉. 区域社会经济与农业技术扩散环境协调发展研究——以西北地区为例 [J]. 地域研究与开发, 2011 (1): 143 – 147.

[29] 李勇, 王金南. 经济与环境协调发展综合指标与实证分析 [J]. 环境科学研究, 2006 (2): 62 – 65.

[30] 李占风, 张建. 资源环境约束下中国工业环境技术效率的地区差异及动态演变 [J]. 统计研究, 2018 (12): 45 – 55.

[31] 梁流涛. 农业发展与环境协调性评价及其影响因素分析 [J]. 中国环境科学, 2012 (9): 1702 – 1708.

[32] 林伯强, 蒋竺均. 中国二氧化碳的环境库兹涅茨曲线预测及影响因素分析 [J]. 管理世界, 2009 (4): 27 – 36.

[33] 刘定惠, 杨永春. 区域经济—旅游—生态环境耦合协调度研究——以安徽省为例 [J]. 长江流域资源与环境, 2011 (7): 893 – 896.

[34] 刘瑞明. 所有制结构、增长差异与地区差距: 历史因素影响了增长轨迹吗 [J]. 经济研究, 增, 2011 (2): 16 – 27.

[35] 刘笑萍, 张永正, 长青. 基于 EKC 模型的中国实现减排目标分析与减排对策 [J]. 管理世界, 2009 (4): 75 – 82.

[36] 刘艳清. 区域经济可持续发展系统的协调度研究 [J]. 社会科学辑刊, 2000 (5): 79 – 83.

[37] 刘耀彬, 李仁东, 宋学锋. 中国城市化与生态环境耦合度分析 [J]. 自然资源学报, 2005 (1): 105 – 112.

[38] 刘玉凤, 高良谋. 京津冀城市群经济与环境的耦合协调发展及时空演化分析 [J]. 统计与决策, 2019 (10): 134 – 137.

[39] 陆康强. 要素均衡: 人类发展指数的算法改进与实证研究 [J]. 统计研究, 2012 (10): 45 – 51.

[40] 陆旸, 郭路. 环境库兹涅茨倒 U 型曲线和环境支出的 S 型曲线 [J]. 世界经济, 2008 (12): 82 – 92.

[41] 陆宇嘉, 杨俊, 谭宏. 环境约束下中国省域经济增长的空间计量分析 [J]. 山西财经大学学报, 2012 (9): 14 – 25.

[42] 逯进, 常虹, 汪运波. 中国区域能源、经济与环境耦合的动态演化 [J]. 中国人口·资源与环境, 2017 (2): 60 – 68.

[43] 吕光明. 中国劳动收入份额的测算研究: 1993 – 2009 [J]. 统计研

究，2011（12）：22 - 28.

[44] 聂飞，刘海云. FDI、环境污染与经济增长的相关性研究——基于动态联立方程模型的实证检验 [J]. 国际贸易问题，2015（2）：72 - 83.

[45] 马丽，金凤君，刘毅. 中国经济与环境污染耦合度格局及工业结构解析 [J]. 地理学报，2012（10）：1299 - 1307.

[46] 潘雷驰. 我国政府支出对人类发展指数影响的经验分析 [J]. 财经理论与实践，2006（27）：69 - 75.

[47] 潘美玲. 我国 FDI 生产率外溢的区域差异研究——基于面板随即前沿模型 [J]. 山西财经大学学报，2010（8）：9 - 16.

[48] 潘文卿. 外商投资对中国工业部门的外溢效应：基于面板数据的分析 [J]. 世界经济，2003（6）：32 - 37.

[49] 任建军，阳国梁. 中国区域经济发展差异及其成因分析 [J]. 经济地理，2010（5）：784 - 789.

[50] 任志远，徐茜和杨忍. 基于耦合模型的陕西省农业生态环境与经济协调发展研究 [J]. 干旱区资源与环境，2011（12）：14 - 19.

[51] 沈坤荣，耿强. 外国直接投资、技术外溢与内生经济增长——中国数据的计量检验与实证分析 [J]. 中国社会科学，2001（5）：82 - 93.

[52] 盛斌，吕越. 外商直接投资对中国环境的影响——来自工业行业面板数据的实证研究 [J]. 中国社会科学，2012（5）：54 - 75.

[53] 宋洪远，马永良. 使用人类发展指数对中国城乡差距的一种估计 [J]. 经济研究，2004（7）：4 - 17.

[54] 涂正革. 环境、资源与工业增长的协调性 [J]. 经济研究，2008（2）：93 - 105.

[55] 涂正革，刘磊珂. 考虑能源、环境因素的中国工业效率评价 [J]. 经济评论，2011（2）：55 - 65.

[56] 涂正革，肖耿. 环境约束下中国工业增长模式研究 [J]. 世界经济，2009（1）：41 - 54.

[57] 王兵，吴艳瑞和颜鹏飞. 中国区域环境效率与环境全要素生产率增长 [J]. 经济研究，2010（5）：19 - 32.

[58] 王兵，杨华和朱宁. 中国各省份农业效率与全要生产率增长——基于 SBM 方向性距离函数的实证分析 [J]. 南方经济，2011（10）：12 - 26.

[59] 王冰，程婷. 我国中部城市环境全要素生产率的时空演变——基

于 Malmquist-Luenberger 生产率指数分解方法［J］. 长江流域资源与环境，2019（1）：48 – 59.

［60］王朝明，胡棋智. 中国收入流动性实证研究——基于多种指标测度［J］. 管理世界，2008（10）：30 – 40.

［61］王俭，孙铁珩，李培军，等. 环境承载力研究进展［J］. 应用生态学报，2005（4）：768 – 772.

［62］王长征，刘毅. 经济与环境协调研究进展［J］. 地理科学进展，2002（1）：58 – 65.

［63］王敏，黄滢. 中国的环境污染与经济增长［J］. 经济学（季刊），2015（2）：557 – 578.

［64］魏后凯. 中国地区间居民收入差异及其分解［J］. 经济研究，1996（11）：66 – 73.

［65］温涛，冉光和，熊的平. 中国金融发展与农民收入增长［J］. 经济研究，2005（9）：30 – 43.

［66］吴军. 环境约束下中国地区工业全要素生产率增长及收敛分析［J］. 数量经济技术经济研究，2009（11）：17 – 27.

［67］吴玉鸣，田斌. 省域环境库兹涅茨曲线的扩展及其决定因素——空间计量经济学的模型实证［J］. 地理研究，2012（4）：627 – 640.

［68］吴玉鸣，张燕. 中国区域经济增长与环境的耦合协调发展研究［J］. 资源科学，2008（1）：25 – 30.

［69］徐婕，张丽珩，吴季松. 我国各地区资源、环境、经济协调发展评价——基于交叉效率和二维综合评价的实证研究［J］. 科学学研究（增刊），2007（25）：282 – 287.

［70］许广月，宋德勇. 中国碳排放环境库兹涅茨曲线的实证研究——基于省域面板数据［J］. 中国工业经济，2010（5）：37 – 47.

［71］许士春，何正霞. 中国经济增长与环境污染关系的实证分析——来自 1990 – 2005 年省级面板数据［J］. 经济体制改革，2007（4）：22 – 26.

［72］杨俊，邵汉华. 环境约束下的中国工业增长状况研究——基于 Malmquist-Luenberger 指数的实证分析［J］. 数量经济技术经济研究，2009（9）：64 – 78.

［73］杨俊，王佳，张宗益. 中国省际碳排放差异与谈及安排目标实现——基于碳洛伦兹曲线的分析［J］. 环境科学学报，2012（8）：2016 – 2023.

［74］杨俊，陈怡．基于环境因素的中国农业生产率增长研究［J］．中国人口资源与环境，2011（6）：153－157．

［75］杨俊，黄晓．中国收入流动性在探讨［J］．统计研究，2010（11）：24－33．

［76］杨俊，盛鹏飞．环境污染对劳动生产率的影响［J］．中国人口科学，2012（5）：56－65．

［77］杨青山，张郁，李雅军．基于 DEA 的东北地区城市群环境效率评价［J］．经济地理，2012（9）：51－60．

［78］杨永恒，胡鞍钢，张宁．中国人类发展的地区差距和不协调：历史视角下的"一个中国，四个世界"［J］．经济学季刊，2006（4）：803－817．

［79］杨永恒，胡鞍钢，张宁．基于主成分分析法的人类发展指数替代技术［J］．经济研究，2005（7）：4－17．

［80］姚波等．我国区域经济差异的实证分析［J］．统计研究，2005（8）：35－37．

［81］叶初升，惠利．农业生产污染对经济增长绩效的影响程度研究——基于环境全要素生产率的分析［J］．中国人口·资源与环境，2016（4）：116－125．

［82］张利庠，白露．资源—环境—经济协调关系仿真研究［J］．经济理论与经济管理，2007（5）：19－27．

［83］张鹏飞，李国强，侯麟科，等．区域经济增长差异的再反思：历史起因与演化逻辑［J］，经济学（季刊），2018（10）：151－165．

［84］张曙霄等．FDI 对吉林省工业经济增长外溢效应的实证分析［J］，东北师大学报（哲学社会科学版），2007（6）：72－77．

［85］张晓．中国环境政策的总体评价［J］．中国社会科学，1999（3）：88－99．

［86］张晓东，朱德海．中国区域经济与环境协调度预测分析［J］．资源科学，2003（2）：1－6．

［87］章奇．中国地区经济发展差距分析［J］．管理世界，2001（1）：105－110．

［88］赵芳．中国能源—经济—环境（3E）协调发展状态的实证研究［J］．经济学家，2009（12）：35－41．

［89］赵志强，叶蜀君．东中西部地区差距的人类发展指数估计［J］．华

东经济管理, 2005 (12): 22 - 25.

[90] 郑强, 冉光和, 谷继建. 外商直接投资、经济增长与环境污染——基于中国式分权视角的实证研究 [J]. 中国管理科学, 2016 (5): 20 - 24.

[91] 周国富, 李时兴. 偏好、技术与环境质量——环境库兹涅茨曲线的形成机制与实证检验 [J]. 南方经济, 2012 (6): 85 - 95.

[92] 周玉翠, 齐清文, 冯灿飞. 近 10 年中国省际经济差异动态变化特征 [J]. 地理研究, 2002 (6): 1 - 10.

[93] 朱小林. 中国区域经济差异及其控制政策选择 [J]. 经济评论, 1999 (4): 29 - 35.

[94] Ahmad, A., Zhao, Y., Shahbaz, M., Bano, S., Zhang, Z., Wang, S., Liu, Y.. Carbon emissions, energy consumption and economic growth: an aggregate and disaggregate analysis of the Indian economy [J]. Energy Policy, 2016, 96: 131 - 143.

[95] Al-Mulali, U., Ozturk, I.. The investigation of environmental Kuznets curve hypothesis in the advanced economies: the role of energy prices [J]. Renew. Sustain. Energy Rev. 2016, 54: 1622 - 1631.

[96] Amartya Sen. Development as Freedom [M]. Beijing: China Renmin University Press, 2002.

[97] Anand, S., Sen A.. Human development and economic sustainability [J]. World Development, 2000, 28: 2029 - 2049.

[98] Atkinson, A. B.. On the measurement of inequality [J]. Journal of Economic Theory, 1970, 2: 244 - 263.

[99] Brasington, D. M., Hite D.. Demand for Environmental Quality: A Spatial Hedonic [J]. Regional Science and Urban Economics, 2005, 35 (1), 57 - 82.

[100] Brock, W., M. Taylor. The Green Solow Model [J]. Journal of Economic Growth, 2010, 15 (2): 127 - 153.

[101] Caves, D. W., Christensen, L. R., Diewert, W. E.. The economic theory of index numbers and the measurement of input, output, and productivity [J]. Econometrica, 1982a, 50: 1393 - 1414.

[102] Caves, D. W., Christensen, L. R., Diewert, W. E.. Multilateral

comparisons of output, input and productivity using superlative index numbers [J]. Economic Journal, 1982b, 92: 73 - 86.

[103] Cheng G. , Zervopoulos P. D. . Estimating the Technical Efficiency of Health Care Systems: A Cross-country Comparison Using the Directional Distance Function [J]. European Journal of Operational Research, 2014, 238 (3): 899 - 910.

[104] Chung, Y. H. , Fare, R. , Grosskopf, S. . Productivity and undesirable outputs: directional distance function approach [J]. Journal of Environment Management, 1997, 3: 229 - 240

[105] Cole M. A. . Trade, the pollution haven hypothesis and the environmental Kuznets curve: examining the linkages [J]. Ecological Economics, 2004, 48: 71 - 81.

[106] Cole M. A. , Elliott R. J. R. , Zhang J. . Growth, Foreign Direct Investment, and the Environment: Evidence from Chinese Cites [J]. Journal of Regional Science, 2011, 51 (1): 121 - 138.

[107] Costantini, V. , Monni, S. . Environment, human development and economic growth [J]. Ecological Economics, 2008, 64: 867 - 880.

[108] Copeland, B. R. , Taylor, M. S. . Trade, growth, and the environment [J], Journal of Economic Literature, 2004, 42: 7 - 71.

[109] Du, M. , Wang, B. , Wu, Y. . Sources of China's economic growth: an empirical analysis based on the BML index with sustainable growth accounting [J]. Sustainability, 2014, 6 (9): 5983 - 6004.

[110] EPA. Integrated Science Assessment for Sulfur Oxides-Health Criteria [R]. ISA: EPA/ 600/R - 08/070, 2008.

[111] Esty, D. C. , M. A. Levy, T. . Srebotnjak and A. de Sherbinin. Environmental Sustainability Index: Benchmarking National Environmental Stewardship [C]. Yale Center for Environmental Law & Policy, New Haven, 2005.

[112] Fare, R. , Grosskopf, S. , Norris, M. , Zhang, Z. . Productivity growth, technical progress, and efficiency change in industrialized countries [J]. American Economic Review, 1994, 1: 66 - 83.

[113] Fare, R. , Grosskopf, S. , Shawna and Pasurka, Carl. Accounting for Air Pollution Emissions in Measuring State Manufacturing Productivity Growth

[J]. Journal of Regional Science, 2001, 41: 381 – 409.

[114] Fare, R. , Grosskopf, S. . Modeling Undesirable Factors in Effciency Evalution: Comment [J]. European Journal of Operational Research, 2004, 157: 242 – 245.

[115] Fare, R. , Grosskopf, S. , Carl A. . Pasurka. Environmental Production Functions and Environmental Directional Distance Functions [J]. Energy, 2007, 32: 1055 – 1066.

[116] Farhard Noorbakhsh. Human development and regional disparities in India [J]. Poverty and Human Well-being, 2003, 5: 1 – 33.

[117] Farrell, M. J. . The Measurment of productive efficiency [J]. Journal of the Royal Statistical Society (Series A), 1957, 120: 253 – 281.

[118] Farzin Y. H. , Bond C. . Democracy and environmental quality [J]. Journal of Development Economics, 2006, 81 (1): 213 – 235.

[119] Fields G. P. , et al. . Measuring movement of incoms [J]. Economica, 1999, 66: 455 – 471.

[120] Fields, G. P. , Smith, W. J. , Zheng, B. . The meaning and measurement of income mobility [J]. Journal of Economic Theory, 1996, 71: 349 – 377.

[121] Fodha, M. , Zaghdoud, O. . Economic growth and pollutant emissions in Tunisia: an empirical analysis of the Environmental Kuznets Curve [J]. Energy policy, 2010, 38 (2): 1150 – 1156.

[122] Foster, J. E. , Lopez-Calva, L. F. , Szekely, M. . Measuring the distribution of human development: methodology and an application to Mexico [J]. Journal of Human Development and Gapabilities, 2005, 6: 5 – 29.

[123] Friedl, B. , Getzner, M. . Determinants of CO_2 emissions in a small open economy [J], Ecological Economics, 2003, 45: 133 – 148.

[124] Grossman, G. M. and Krueger, A. B. . Environmental impacts of a North American World Free Trade Agreement [R]. NBER working paper 3914, 1991.

[125] Grossman, G. M. and Krueger, A B. . Economic growth and the environment [J]. Quarterly Journal of Economics, 1995, 110: 353 – 377.

[126] Grossman, G. M. . Pollution and Growth: What Do We Know? Eco-

nomics of Sustainable Development [M]. Cambridge University Press, 1995.

[127] Hailu, A., Veeman, T. S.. Environmentally Sensitive productivity analysis of the canadian pul pand paper industry, 1956 – 1994: an input distance function approach [J]. Journal of Environmental Economics and Management, 2000, 40: 251 – 274.

[128] Hall Robert E. and Jones Charles I.. Why do some countries produce so much more output per worker than others? [J], The Quarterly Journal of Economics, 1999, 114: 83 – 116.

[129] He, J., and H. Wang. Economic Structrue, Development Policy and Environment Quality: an Empirical Analysis of Environmental Kuznets Curves with Chinese Municipal Data [J]. Ecological Economics, 2012, 76: 49 – 59.

[130] Herrero, Carmen, Bieardo Martinez and Antonio Villar. A newer human development index [J]. Journal of Human Development and Capabilities, 2012, 1: 1 – 12.

[131] Hettige H., Mani M., Wheeler D.. Industrial pollution in economic development, the environmental Kuznets curve revisited [J]. Journal of Development Economics, 2000, 62 (2): 445 – 476.

[132] Hill R. J., Magnani E.. An exploration of the conceptual and empirical basis of the environmental Kuznets curve [J]. Australian Economic Papers, 2002, 41 (2): 239 – 254.

[133] Inge Mayeres and Denis Van Regemorter. Modelling the health related benefits of environmental Policies and their feedback effects: a CGE analysis for the EU countries with GEM – E3 [J]. The Energy Journal. 2004, 29 (1): 135 – 150.

[134] Jalan, J.. Demand for Environmental Quality: Survey Evidence on Drinking Water in Urban India. UWEC Working Paper, 2007.

[135] Jeon, B. M., Sickles, R. C.. The role of environmental factors in growth accounting [J]. Journal of Applied Econometrics, 2004, 19: 567 – 591.

[136] Jerry A. Hausman, Bart D. Ostro and David A. Wise. Air Pollution and Lost Work. NBER Working Paper, 1984.

[137] Jesse Schwartz, Robert Repetto. Nonseparable Utility and the Double Dividend Debate: Reconsidering the Tax-Interaction Effect [J]. Environment and Resource Economics, 2003, 2 (15): 149 – 157.

［138］ Jha, R. , K. V.. Bhanu Murthy. An inverse global environmental Kuznets curve ［J］, Journal of Comparative Economics, 2003, 31: 352 – 368.

［139］ Joshua Graff Zivin, Matthew J. Neidell. Tempreature and the Allocation of Time: Implications for Climate Chance. NBER working Paper, 2011.

［140］ Kaufmann R. K. Davidsdottir B. , Garnham S. , et al.. The determinants of atmospheric SO_2 concentrations: reconsidering the environmental Kuznets curve ［J］. Ecological Economics, 1998, 25 (2): 209 – 220.

［141］ Kumar, S.. Environmentally Sensitive productivity growth: a global analysis using Malmquist-Luenberger index ［J］. Ecological Economics, 2006, 56: 280 – 293.

［142］ Lai, D.. Temporal analysis of human development indicators: principal component approach ［J］. Social Indicator Research, 2000, 5: 331 – 336.

［143］ Lai, D.. Principal component analysis on human development indicators of China ［J］. Social Indicator Research, 2003, 61: 319 – 330.

［144］ Linn, W. S. , Avol, E. L. , Peng, R. C. , et al.. Replicated Dose-Response Study of Sulfur Dioxide Effects in Normal, Atopic, and Asthmatic Volunteers ［J］. American Review of Respiratory Disease, 1987, 5 (136): 1127 – 1134.

［145］ Linn, W. S. , Venet, T. G. , Shamoo, D. A. , et al.. Respiratory Effects of Sulfur Dioxide in Heavily Exercising Asthmatics, A Dose-Response Study ［J］. American Review of Respiratory Disease, 1983, 3 (127): 278 – 283.

［146］ List, J. A. , Gallet, C. A.. Environmental Kuznets curve: does one size fit all? ［J］. Ecological Economics, 1999, 31: 409 – 424.

［147］ Lopez R. , Mitra S.. Corruption, pollution, and the Kuznets environment curve ［J］. Journal of Environmental Economics and Management, 2000, 40: 137 – 150.

［148］ Lopez R.. The Environment as a Factor of Production: The effects of Economic Groth and Trade Liberalization ［J］. Journal of environmental Economics and Management, 1994, 27: 163 – 184.

［149］ Luchters, D. G, Menkhoff L.. Chaotic signals from HDI measurement ［J］. Applied Economics Letters, 2000, 7: 267 – 270.

［150］ Luenberger, D. G.. Benefit functions and Duality ［J］. Journal of

Mathematical Economics, 1992, 21: 461 – 481.

[151] Magnani, E.. The environment Kuznets curve, environmental protection policy and income distribution [J]. Ecological Economics, 2000, 32: 431 – 443.

[152] Majumder Rajarshi. Human development in India: regional pattern and policy issues [R]. MPRA Paper No. 4821, 2007.

[153] Melnick, D., J. McNeely, Y. K. Navarro, et al.. Environment and human well-being: a practical strategy [C]. UN Millennium Project, Task Force on Environmental Sustainability, 2005.

[154] Michanel Greenstone. The impactions of environmental regulations on industrial activity: evidence from the 1970 and 1977 clean air act amendments and the census of manufactures [R]. NBER Working Paper, 2002.

[155] Mukherjee, S., Chakraborty, D.. Environment, Human Development and Economic Growth after Liberalisation: a Analysis of Indian States [J]. International Journal of Global Environment Issues, 2009, 9: 20 – 49.

[156] Noorbakhash F.. The Human Development Indices: Some Technical Issues and Alternative Indices [J]. Journal of International Development, 1998, 10: 589 – 605.

[157] Onur Sapci, Jason F.. Shogrenb. Environmental quality, human capital and growth [J]. Journal of Environment Economics and Policy, 2017, 10: 1 – 20.

[158] Oster, E., I. Shoulson, E. R. Dorsey. Limited Life Expectancy, Human Capital and Health Investments [J]. American Economic Review, 2013, 103 (5): 1977 – 2002.

[159] Ozatac, N., Gokmenoglu, K. K., Taspinar, N.. Testing the EKC hypothesis by considering trade openness, urbanization, and financial development: the case of Turkey [J]. Environ. Sci. Pollut. Res. 2017, 24: 16690 – 16701.

[160] Panayotou T.. Empirical Tests and Policy Analysis of Environmental Degradation at Different Stages of Economic Development [Z]. International Labor Office, Technology and Employment Programme, Geneva, No: 238, 1993.

[161] Panayotou T.. Demystifying the environmental kuznets curve: turing a

black box into a policy tool ［M］. London: the Cambridge press, 1997.

［162］ Pata, U. K.. The effect of urbanization and industrialization on carbon emissions in Turkey: evidence from ARDL bounds testing procedure ［J］. Environ. Sci. Pollut. Res. 2018, 25: 7740 – 7747.

［163］ Ponka A.. Absenteeism and Respiratory Disease among Children and Adults in Helsinki in Relation to Low-level Air Pollution and Temperature ［J］. Environment Research, 1990, 1 (52): 34 – 46.

［164］ Prados de la escosura, L.. Improving the Human Development Index: a new data set for the western world, 1850 – 2000. Universidad Carlos III Working Paper, 2007.

［165］ Prais, S. J.. Measuring social mobility ［J］. Journal of the Royal Statistical Society Series A, 1955, 118: 56 – 66.

［166］ Rema Hanna and Paulina Oliva. The Effect of Pollution on Labor Supply: Evidence from a Natural Expeneriment in Mexico City ［R］. NBER Working Paper, 2011.

［167］ Roberton, C. Williams Ⅲ. Health effects and Optimal Environment Taxes ［J］. Journal of Public Economic, 2003, 2 (87): 323 – 335.

［168］ Robeyns, I.. Justice as fairness and the capability approach ［R］. Working Paper, 2006.

［169］ Rusiawan, W. , Tjiptoherijanto, P. , Suganda, E. , et al.. Assessment of sustainabletotal factor productivity impact on sustainable indonesia productivity growth ［J］. Procedia Environ. Sci. 2015, 28: 493 – 501.

［170］ Sala-i-Martin X. , Subramanian A.. Addressing the Natural Resource Curse: an Illustration from Nigeria ［R］. IMF Working Paper, No. 139, 2003.

［171］ Selden T. , Song D.. Environmental Quality and Development: Is There a Kuznete Curve for Air Pollution Emissions ［J］. Journal of environmental Economics and Management, 1994, 27: 147 – 162.

［172］ Serkan Gürlük. Economic growth, industrial pollution and human development in the Mediterranean Region ［J］. Ecological Economics, 2009, 68: 2327 – 2335.

［173］ Shafik N. , Bandyopadhyay S.. Economic growth and environmental quality: time series and cross-country evidence ［R］. Back ground Paper for the

World Development Report, No: WPS 904, Washington D. C, The World Bank, 1992.

[174] Shafik, N.. Economic development and environmental quality: an econometric analysis [J]. Oxford Economics Papers, 1994, 46: 757 – 773.

[175] Shen, Z., Boussemart, J., Leleu, H.. Aggregate sustainable productivity growth in OECD's countries [J]. Int. J. Prod. Econ. 2017, 189: 30 – 39.

[176] Shephard, Ronal, W.. Theory of cost and production functions [M]. New York: Princeton University Press, 1970.

[177] Shorrcks, A.. The measurement of mobility [J]. Econometrica, 1978, 46: 1031 – 1027.

[178] Solow, R. M.. A contribution to the theory of economic growth [J]. The Quarterly Journal of Economics, 1956, 70: 65 – 94.

[179] Song Tao, Zheng Tingguo, Tong Lianjun. An EmpiricalTestof the Environmental Kuznets Curve in China: A Panel Cointegration Approach. China Economic Review, 2008, 19: 381 – 392.

[180] Stern, D. L., Common, M. S.. Is there an environmental Kuznets curve for Sulfur [J]. Journal of Environmental Economics and Management, 2001, 41: 162 – 178.

[181] Tsui K. Y.. China's regional inequality, 1952 – 1985 [J]. Journal of Comparative Economics, 1991, 15: 1 – 21.

[182] UNDP. Human Development Report [R]. New York: Oxford University Press, 1990.

[183] UNDP. Human Development Report [R]. New York: Oxford University Press, 1996.

[184] UNDP. Human Development Report [R]. New York: Oxford University Press, 2010.

[185] World Bank. World development Report [R]. Washing ton D. C. : World Bank, 2005.

[186] Yoruk, B., Zaim, O.. Productivity growth in OECD countries: a comparison with Malmquist indices [J]. Journal of Comparative Economics, 2005, 33: 401 – 420.